U0069895

馬歇爾將軍使華記

中美關係史的批判性研究

General George C. Marshall's Mission to China:
A Critical Study of Sino-American Relations

郭聖銘 —————— 原著
Chieh-Shu KUO (Au.)

郭景德 —————— 翻譯
John E. KUO (Transl.)

目錄

民國歷史文化學社編輯說明

本書是一位國民政府派駐美國的外交官，對二次大戰後動盪局勢的所見所思。

國民政府在對日抗戰中後期，曾陸續派赴遣各種人員赴美，包括外交官、留學生、軍官等。這些留置海外的中國人，在戰爭結束，以及 1949 年中共建政後，或留在美國，或來到臺灣，或回到中國大陸。本書作者，即選擇了回到中國大陸。

針對 1949 年的「離散」，一般都將目光聚焦在東亞地區，特別是兩岸三地的人口移動，然而在歐美等世界其他地區的中國人，同樣也面臨著留下或者回歸，回歸又該回到何處的抉擇。這是大時代背景下，每個人走上的不同道路。本書作者的觀點，雖然不能代表全體外交人員，但從書中陳述，不難理解他選擇回歸北京政權的理由。我們也不能漠視、忽略中共建政後的存在事實。

本書原使用英文撰寫，並引用許多當時的新聞、輿論與資料。因此本書於編輯過程中，於校對郭景德先生的譯稿時，多方參考並配以重慶與南京《中央日報》、延安《解放日報》、重慶《新華日報》、國史館藏《蔣中正總統文物》、國史館藏《國民政府檔案》、國共雙方相關的史料、出版品等，希望能儘量還原作者與時人的所見所聞。惟部分名詞可能有不同譯名，在編輯後都儘量予以統一。

郭聖銘先生簡介

郭聖銘（又名郭節述，Chieh-Shu Kuo，筆名郭光、郭新民），1915 年 12 月 25 日生於江蘇鎮江。祖父是清末進士，父親是五四時代鎮江的中學教員，教授英語和數學。

1934 年，以高中一年級資歷考取了國立中央大學歷史系。因抗戰軍興，隨中央大學西遷重慶，師從朱希祖、沈剛伯等史學前輩。在校期間，於 1937 年翻譯出版了約翰·里德（John Reed）《震撼世界的十天》（*Ten Days that Shook the World*）。1938 年從中大歷史系畢業，任教因抗戰而西遷的南開中學。

1941 年，郭聖銘參加考試院舉辦的高等文官考試，錄取後進入外交部條約司工作。1944 年參加在重慶舉行的公費留學考試，被錄取為西洋史專業留英庚款生。由於即將被外交部外放至美國，他放棄留英的名額，攜妻赴美國任駐紐奧良（New Orleans，時譯紐阿連，現大陸譯為新奧爾良）副領事，同時在杜蘭大學（Tulane University）歷史系攻讀博士學位。留美期間，用英語撰寫本書《馬歇爾將軍使華記》（*General George C. Marshall's Mission to China: A Critical Study of Sino-American Relations*）。

1950 年，郭聖銘攜家眷回到中國，先後受聘任教於廣西大學歷史系、湖南師範學院歷史系與華東師範大學歷史系。

郭聖銘於 1955 年完成了《世界古代史簡編》，此書被北京大學、武漢大學等多所院校定為古代史教材，其修改擴充版於 1987 年出版，更名為《世界文明史綱要（古代部分）》。1956 年完成了《世界近代史講義》，原定於 1957 年出版，但因負責出版的王造時先生於反右運動中落難，出版一事受阻，此書後於

2013年由上海社會科學院出版社出版，改名為《世界文明史綱要（近代部分）》。郭聖銘編寫的《西方史學史概要》於1983年出版，受到了高教部的優秀教材褒獎。除此之外，郭聖銘還譯作如《美國獨立宣言》、《俄國歷史地圖解說》等，也受到了史學界的好評。

1983年秋，應美國國際交流署之邀，作為傅爾布萊特（Fulbright）交流學者訪美。1985年任《世界歷史詞典編輯委員會》主編，1989年任中國大百科全書外國歷史編輯委員會委員、總論副主編。

1989年，郭聖銘從華東師範大學歷史系退休，在美國加州定居。

2005年，以九十高齡完成了理察・派普斯（Richard Pipes）《共產主義實錄》（*Communism: A History*）一書的譯稿，此書的簡體中文版於2006年在美國出版。

郭聖銘於2006年4月10日在美國加州逝世，享耆壽九十一歲。

郭聖銘先生
（約 1946 年攝於紐奧良）

歸國留美學人在由舊金山啟航的「克里夫蘭總統號」輪船甲板上合影（1950 年 9 月）
前排右二是郭聖銘先生懷抱長子郭維德，其側是夫人王洪毅女士與次子郭景德。
《求學海外・建功中華——百年留學歷史文物展》（中國國家博物館，2006）

郭節述人事資料卡

國史館藏軍事委員會委員長侍從室檔案

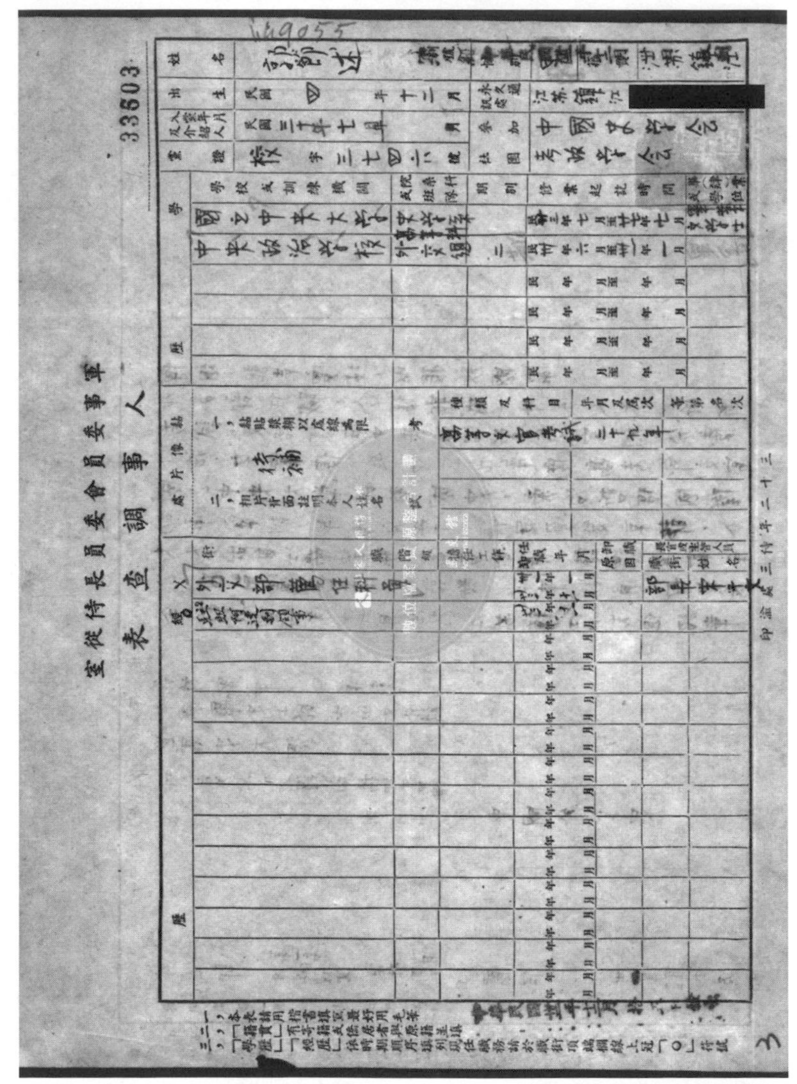

軍事委員會委員長侍從室
人事調查表

33603

註：黑色方塊為國史館所加

四、「研究」指正在研究進程中者而言。「發明」須說明實用功效。
五、「自述」包括家庭概況、身世、志願、文述、參加戰役及與其他重要之關係等。

經歷
服務機關：外交部
事由：[illegible]
職級：[illegible]
年月：[illegible]

銓敘
銓敘及證書字號：薦任
年月：卅[illegible]年十二月
等級：九級

著作與發明
名稱：外交學（譯）；世界史大綱；中國歷史上的民族戰爭
出版處所：商務印書館；中山文化教育館

研究：中國外交史

自述
余於民國四年十二月生於江蘇鎮江，先祖沼亭公，為前清進士，工文詞章，從事於教育；母吳太夫人，出自江南望族，書香世澤，詩禮傳家。余幼承庭訓，早涉文學，詩詞[illegible]。入國立中央大學研習國史，旁治哲學、國際公法。畢業後，參加二十九年度高考外交官考試，及格後在中央政治學校受訓，分發外交部任職。今後期成一外交人才，折衝樽俎，馳聲壇坫，以報效國家。

填表人郭聖銘

註：黑色方塊為國史館所加

《中國歷史上的民族戰爭》版權頁（1940）

著作者：郭節述
編行者：中山文化教育館

抗戰叢刊第一〇一種

中國歷史上的民族戰爭

歡迎翻印

著作者　郭節述
編行者　重慶北碚　中山文化教育館
印刷者　商務日報夏溪口印刷廠
總經售　上海雜誌公司

支店：
重慶　武庫街九十七號
上海　北河街　梧州　大中路
長沙　京長街　桂林　中北路
宜昌　二馬路　柳州　慶雲路
貴陽　長春巷　西安　南院門
成都　祠堂街　昆明　武成路

中華民國二十九年三月渝版

實價壹角

二十九年度高等考試及格人員分發員名冊（1942）

國史館藏國民政府檔案

外交官領事官

姓　　名：郭節述

年　　齡：二六

性　　別：男

籍　　貫：寧夏

考取等第：中等第六名

擬分機關：外交部

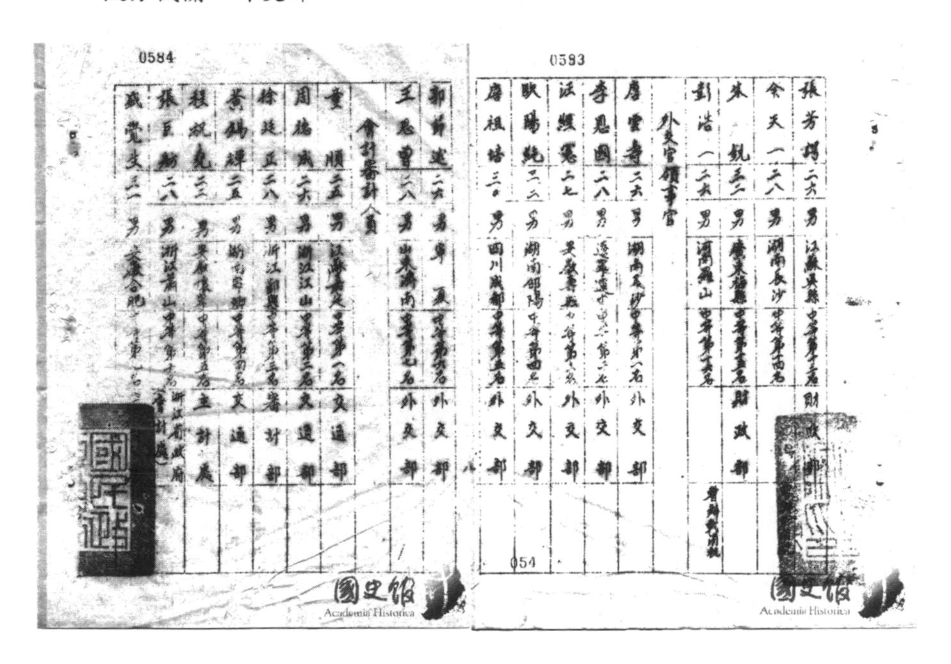

0584

姓名	年齡	性別	籍貫	考取等第	擬分機關
郭節述	二六	男	寧夏	中等第六名	外交部
王思曾	二八	男	山東濟南	中等第七名	外交部
會計審計人員					
童[illegible]順	二五	男	江蘇[illegible]	中等第八名	交通部
周[illegible]威	二六	男	浙江江山	中等第二名	交通部
徐廷[illegible]	二八	男	浙江[illegible]	中等第三名	審計部
黃錫[illegible]	二五	男	[illegible]	中等第四名	交通部
程[illegible]	三三	男	[illegible]	中等第五名	主計處
張[illegible]	二八	男	浙江蕭山	中等第十名	浙江省政府（會計處）
戴覺[illegible]	三一	男	安徽合肥	[illegible]第一名	[illegible]

0583

姓名	年齡	性別	籍貫	考取等第	擬分機關
張芳[illegible]	二六	男	江蘇吳縣	中等第十三名	財政部
余天一	二八	男	湖南長沙	中等第十四名	
朱[illegible]	三二	男	廣東[illegible]	中等第十五名	財政部
彭浩一	二六	男	河南羅山	中等第十六名	
外交官領事官					
唐雲壽	二六	男	湖南長沙	中等第八名	外交部
李思國	二八	男	遼寧遼中	中等第[illegible]名	外交部
汪[illegible]	二七	男	安徽壽縣	中等第[illegible]名	外交部
歐陽純	三二	男	湖南邵陽	中等第四名	外交部
唐祖培	三〇	男	四川成都	中等第五名	外交部

054

《外交學》版權頁（1943）

原著者：H. NICOLSON
譯述者：郭節述
發行人：王雲五
發行所：商務印書館

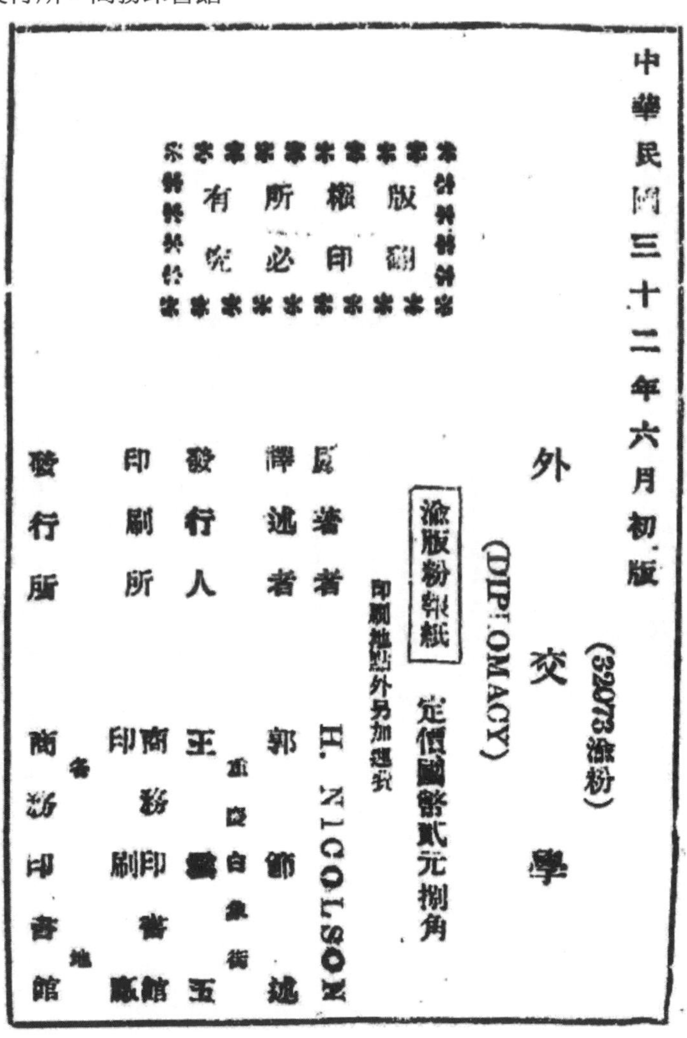

中華民國三十二年六月初版
（32073渝粉）

外交學
（DIPLOMACY）

渝版粉報紙

定價國幣貳元捌角
印刷地點外另加運費

原著者　H. NICOLSON
譯述者　郭節述
發行人　王雲五
重慶白象街
印刷所　商務印書館印刷廠
發行所　商務印書館
各地

版權所有　翻印必究

國民政府公報渝字第五九六號（1943）

行政院院長蔣中正呈，據內政部部長周鍾嶽呈，請任命李仲陽為四川南溪縣縣長，方勁益署四川安岳縣縣長，張一之署四川平武縣縣長，曾葆章署四川南部縣縣長，伍心謙署四川宜賓縣縣長，應照准。此令。

行政院院長蔣中正呈，據內政部部長周鍾嶽呈，請將包煒華一員以四川奉節縣縣長試用，應照准。此令。

行政院院長蔣中正呈，據內政部部長周鍾嶽呈，為湖南安化縣縣長周仲衡另有任用，請免本職，應照准。此令。

行政院院長蔣中正呈，據內政部部長周鍾嶽呈，請任命徐玉書署湖南安化縣縣長，應照准。此令。

行政院院長蔣中正呈，據內政部部長周鍾嶽呈，請任命周述文署河南中牟縣縣長，鹿公璐署河南確山縣縣長，應照准。此令。

行政院院長蔣中正呈，據內政部部長周鍾嶽呈，為署福建詔安縣縣長宛方丹呈請辭職，請免本職，應照准。此令。

行政院院長蔣中正呈，據內政部部長周鍾嶽呈，請任命江運欽署福建詔安縣縣長，應照准。此令。

行政院院長蔣中正呈，據內政部部長周鍾嶽呈，請任命張懋卿署山西介休縣縣長，應照准。此令。

行政院院長蔣中正呈，據內政部部長周鍾嶽呈，為署陝西定邊縣縣長李德菴呈請辭職，署陝西清澗縣縣長王觀辰另[illegible]用，均請免本職，應照准。此令。

行政院院長蔣中正呈，據內政部部長周鍾嶽呈，請將署陝西平民縣縣長田清波免職，應照准。此令。

行政院院長蔣中正呈，據內政部部長周鍾嶽呈，請任命賈起中署陝西平民縣縣長，徐繼森署陝西橫山縣縣長，連友賢署陝西定邊縣縣長，王俊讓署陝西清澗縣縣長，應照准。此令。

行政院院長蔣中正呈，據內政部部長周鍾嶽呈，請任命朱讓署廣西雒容縣縣長，應照准。此令。

行政院院長蔣中正呈，據內政部部長周鍾嶽呈，為署廣西義甯縣縣長梁鉞石另有任用，請免本職，應照准。此令。

行政院院長蔣中正呈，據內政部部長周鍾嶽呈，請任命蕭篤齋署廣西義甯縣縣長，應照准。此令。

主席 林森
行政院院長 蔣中正
內政部部長 周鍾嶽

國民政府令 三十二年七月三十一日

行政院院長蔣中正呈，據外交部部長宋子文呈，請任命郭節述為外交部科員，劉渭平、宗良圯署外交部科員，應照准。此令。

主席 林森
行政院院長 蔣中正
外交部部長 宋子文

國民政府公報 令 五 渝字第五九六號

國民政府令　三十二年七月三十一日

行政院院長蔣中正呈，據外交部部長宋子文呈，請任命郭節述為外交部科員，劉渭平、宗良圯署外交部科員，應照准。此令。

國民政府公報渝字第七九一號（1945）

國民政府令　三十四年六月二十六日

行政院參事譚光呈請辭職，譚光准免本職。此令。

湖南省政府委員兼主席薛岳呈請辭職，薛岳准免本兼各職。此令。

任命吳奇偉為湖南省政府委員。此令。

任命吳奇偉兼湖南省政府主席。此令。

國立武漢大學校長王星拱呈請辭職，王星拱准免本職。此令。

行政院呈，請派張名煒代理行政院科員職務，應照准。此令。

行政院呈，請任命蘇斌為內政部秘書，陳紹煌為內政部科長，向大志署內政部科員，應照准。此令。

國民政府令　三十四年六月二十六日

行政院呈，請將四川省第十三區行政督察專員公署秘書韓光鈞免職，應照准。此令。

行政院呈，請任命劉尚新為四川省第十三區行政督察專員公署秘書，應照准。此令。

行政院呈，為外交部科長熊應祚、任融宏另有任用，均請免本職，應照准。此令。

行政院呈，請任命歐陽純、魏敦為外交部科長，應照准。此令。

行政院呈，為駐荷蘭大使館二等秘書趙愚謨、駐雪梨總領事館副領事曾文彥另有任用，均請免本職，應照准。此令。

行政院呈，請任命魏艮聲為駐荷蘭大使館一等秘書，劉渭平為駐雪梨總領事館副領事，郭節述為駐紐阿連領事館副領事，應照准。此令。

行政院呈，請任命張漢元署財政部稽核，應照准。此令。

行政院呈，請任命鮑汝貽為財政部稽核，應照准。此令。

行政院呈，請任命於斯盛為財政部國庫署科長，應照准。此令。

行政院呈，請任命孟及人為農林部技正，應照准。此令。

行政院呈，為糧食部視察葉新明另有任用，秘書謝慶垚呈請辭職，均請免本職，應照准。此令。

行政院呈，為試用糧食部視察李鍼另有任用，試用糧食部科長鄒謙呈請辭職，均請予免職，應照准。此令。

行政院呈，請任命包伯陽為糧食部視察，林宏仁為糧食部稽核，應照准。此令。

行政院呈，請任命韋思哲、王道周為司法行政部科長，應照准。此令。

行政院呈，請派張英凡為善後救濟總署秘書，胡慶嶬、李榜漢、張毅、白允里、李文灝為善後救濟總署視察，秦樂棠、

國民政府公報　府令　六　渝字第七九一號

國民政府令　三十四年六月二十六日

行政院呈，請任命魏艮聲為駐荷蘭大使館一等祕書，劉渭平為駐雪梨總領事館副領事，郭節述為駐紐阿連領事館副領事，應照准。此令。

第 1 章　美國的傳統遠東政策

在討論馬歇爾（George C. Marshall）將軍使華之前，我們需要簡單地回顧中美兩國的歷史關係。

美國獨立戰爭勝利後，美中貿易隨即興起，可以說中美關係史與美利堅合眾國史一樣久遠。1784 年 2 月 22 日，即與英國締結和平僅僅一個月後，一艘由獨立戰爭時期私掠船改裝成的小型貨船「中國皇后號」（Empress of China），插著星條旗從紐約啟航，直接前往當時中國唯一的對外貿易開放口岸——廣州，[1] 為美國商人開闢了一條新的商業途徑。19 世紀初，歐洲各國正忙於法國大革命和拿破崙戰爭，美國對華貿易迅速繁榮起來，很快就成為廣州商界的第二大外貿國。[2] 許多波士頓、紐約和費城最富有的家族，都是透過「中國貿易」而斂財致富的。[3]

當時，中國在經濟上自給自足，西方世界反而沒有。西方國家，尤其是剛剛成立的美國，能提供給中國市場的商品非常有限。中國人一直認為自己是一個大而富庶的國家，與外國人建立商業關係既無必要，也無利可圖。由於國際貿易給中國人的傳統生活方式帶來不良影響，中國政府非常不情願讓外人來華經商。

整個 19 世紀，英國一直是西方帝國主義在遠東的先鋒。美國在英國的庇護下推進其在中國的利益，與英國和其他列強合力，將不平等條約強加於中國，從而使中國淪於半殖民地的屈辱

1　Tyler Dennett, *Americans in Eastern Asia* (New York, 1922), 5-7.

2　Hosea B, Morse, *The International Relations of the Chinese Empire*, in three volumes (London, 1910), I, 58.

3　Paul Monroe, *China: A Nation in Evolution* (New York, 1928), 238-239.

地位。當英國東印度公司在中國走私鴉片時，美國商人也參與了這種臭名昭著的貿易，只是相對規模較小而已。[4] 1839 年，中國對英國開戰，以禁止鴉片貿易（史稱「鴉片戰爭」）。儘管美國人民在道義上同情中國，[5] 但美國政府毫不猶豫地與英國分享了鴉片戰爭的果實。

可恥的鴉片戰爭（1839-1842）導致《南京條約》的締結，中國將香港割讓給英國；除廣州外，增設了上海、寧波、福州、廈門等對外貿易口岸；賠償英國的損失與開支；協定關稅；並允許英國在通商口岸任命領事官員。[6]《南京條約》的簽署，象徵中國與外部世界隔絕之牆的崩塌。從此西方列強彼此競爭，以尋求在天朝的利益和特權，而英國的第一個追隨者，就是美國。

鴉片戰爭期間，美國在中國海域保留了一支海軍中隊，由深謀遠慮的加尼准將（Commodore Lawrence Kearny）指揮。《南京條約》締結六週後，加尼准將要求在廣州的中國當局給予美國與英國同樣的權益，美國公民在貿易中應受到「同樣的最惠國商人待遇」，[7] 並成功地獲得允諾。[8] 1843 年，中國開放了五個通商口岸，對所有外國人一視同仁。

實際上，「最惠國待遇」原則就是後來美國對中國提出「門戶開放」政策的前身。美國在遠東是一個後來者，但也想要得到其他列強在中國已經獲得的利益和特權。然而，歷史文獻表明，

---

4 Dennett, *The Americans in Eastern Asia*, 116-117.

5 Thomas A, Bailey, *A Diplomatic History of the American People* (New York, 1945), 322-323.

6 "Sino-British Treaty of Nanking", in *Chinese Treaty Series* (Shanghai, 1925), Articles II-XI.

7 Dennett, *American in Eastern Asia*, 108-109.

8 Dennett, *American in Eastern Asia*, 108-109.

「門戶開放」原則是出於中國自己的選擇。[9] 看來，中國政府對美國延伸「最惠國待遇」政策，是為了避免被另一個強國獨占，是為了從外國人彼此的自由競爭中獲得保護。當然，這項政策對美國人還是有利的。

在中國的事態發展引起了美國廣泛的興趣和貪欲。1842 年 12 月 30 日，美國總統約翰．泰勒（John Tyler）向國會提交由時任美國國務卿丹尼爾．韋伯斯特（Daniel Webster）起草的信函，建議撥款派遣一名專員前往中國談判貿易條約。來自麻塞諸塞州的眾議員顧盛（Caleb Cushing），被選為首任專員。[10]

1844 年 2 月 27 日，顧盛與隨行人員抵達澳門，那是靠近廣州的葡萄牙租借地。談判團隊由四艘軍艦組成，[11] 與其說這是一個商業訪問團，不如說這是一支遠征軍。面對中國官僚的推諉，顧盛威脅說他將前往北京直接與皇帝打交道。這個暗示很快就讓中國全權代表來到澳門，經過短暫的談判，第一份中美條約，即《望廈條約》，於 1844 年 7 月 3 日簽署。[12] 英國是透過武力來強索在中國的商業特權，而美國則是透過談判來確保。除卻包含在《中英南京條約》中的商業特權外，《望廈條約》還規定美國公民在中國享有治外法權。儘管美國不是第一個從中國手中奪取治外法權的國家，但正是在這個條約中，治外法權得到了法理認可。[13]《望廈條約》如此符合西方列強的利益，因此在 1858 年

9　Dennett, *American in Eastern Asia*, 110.

10　John Foster, *American Diplomacy in the Orient* (Boston, 1903), 78-79.

11　Bailey, *A Diplomatic History of the American People*, 325.

12　S. Wells Williams, *The Middle Kingdom*, in two volumes (New York, 1883), II, 567.

13　Westel W. Willoughby, *Foreign Rights and Interests in China*, in two volumes (Baltimore, 1927), II, 554- 561.

簽定《天津條約》之前，它一直是同類條約的範本。[14]

19 世紀中葉，中國南方的廣西爆發了革命。引發太平天國運動的主要原因是清朝政府未能保護中國免受西方列強的侵略，它是一場民族主義和社會主義運動，旨在推翻無能的滿洲異族統治者，以及徹底改革國家經濟制度。儘管起義領導人帶有偽宗教色彩，太平天國運動仍是一場註定要改變中國命運的農民革命。1853 年，太平軍到達了長江流域，在南京建立太平天國。[15] 如果不是西方各國強行介入鎮壓，太平天國運動的結局可能會有所不同。

在此關鍵時刻，美國駐華代表是馬沙利（韓弗理·馬歇爾，Humphrey Marshall），他是首席大法官約翰·馬歇爾（John Marshall）的親戚，也是喬治·馬歇爾將軍的遠親。起初，大多數在華外國人，尤其是英美傳教士，都對太平天國表示同情。然而馬沙利卻持不同的觀點，認為滿清王朝的進一步衰弱會招致俄國或英國的入侵，如此一來，中國政局的變化將完全不利於美國在華利益。[16] 美國對華政策最好是維持「現狀」，加強和維持現有政府和社會秩序，以阻止外國侵略或國內革命。這並不意味著馬沙利同情滿清王朝，或對中國人民懷有善意。他很清楚，滿清政權不得人心、腐敗、無效率、專制。然而，為了美國的自身利益，他敦促支持中國的現有政權。[17] 在獲悉滿清政府向俄國沙皇求援的傳聞後，他向華盛頓報告說：

---

14 H. B. Morse and H. F. MacNair, *Far Eastern International Relations* (Boston, 1931), 136.

15 Hwa Kong, *The History of the Liberation of the Chinese People*, in two volumes (Hong Kong, 1945), I, 96.

16 Foster R. Dulles, *China and America* (Princeton, 1946), 51.

17 Dulles, *China and America*, 51.

> 我認為美國應不計任何代價來阻止俄國擴展其太平洋邊界，防止它直接干涉中國內政；因為中國就像一隻在剃羊毛者面前的羔羊，就像印度的幾個省分一樣能輕易被征服。一旦俄國或英國的貪婪或野心誘使他們爭利，亞洲的命運就將會被封死，未來中美關係可能會長久停閉，除非美國現在就採用合理的政策來阻止這不幸的結果。
>
> 我認為，美國的最高利益在於維持中國——維持這裡的秩序，將那些給政府帶來活力和健康的理念，漸漸輸進已經破舊的社會結構裡，而不是眼看著中國成為無政府主義擴張的舞臺，最終淪為歐洲野心家們的獵物。[18]

這份報告由馬沙利撰寫於 1853 年。之後，他的觀點成為美國對華政策的核心：即透過支持現有政府和社會秩序免受外國侵略或國內動盪影響，來獲取和保護美國的最大利益。大約一個世紀後，喬治・馬歇爾將軍在中國奉行同樣的政策。然而，中國在這百年間發生了翻天覆地的變化，馬沙利的政策有助於滿清王朝之後六十年的苟延殘喘，而喬治・馬歇爾將軍在中國的使命卻被證明是一場悲劇性的失敗。

儘管美國譴責「歐洲的野心」，卻與其他列強合作推進它們在中國的利益。1857 年，第二次中英戰爭爆發。英法聯軍砲擊並占領廣州。美、俄駐華代表與英、法聯手，同時照會北京朝廷，要求擴大條約權利。1858 年 5 月，英法艦隊北上占領大沽，直逼北京。6 月，中國分別與俄、美、英、法四國簽訂《天津條

18　As quoted by Dennett in *Americans in Eastern Asia*, 215.

約》。[19]英、法兩國用武力逼迫中國讓步，而美、俄兩國未啟戰端便得到了同樣的條約權利。

美國對華政策的本質，在1859年著名的「血濃於水」（blood-is-thicker-than-water）事件中被完全揭示出來。當英、法、美三國使節乘坐軍艦前往北京交換《天津條約》批准書時，大沽的中國駐軍不滿於對外國人的讓步，砲擊英艦，英艦在交戰中嚴重受損。美國波瓦坦號（USS *Powhatan*）護衛艦艦長約西亞．塔特納爾准將（Josiah Tattnall）見英軍危急，無視中立的限制，聲稱：「血濃於水。如果我看到白人在我眼前被屠殺而袖手旁觀，我將會受到詛咒！」當即參戰，來幫助他們的英國夥伴。[20]

敵意立即復燃，英、法兩國決定奪取帝國的首都來羞辱中國。他們聚集了強大的援軍猛攻大沽，占領了天津和北京，掠奪並燒毀了滿清皇帝無價之寶的圓明園。經過1860年的北京談判，英、法兩國從中國獲得額外的讓步。而透過延伸的「最惠國待遇」，美國也同樣得到了這些權益。

在美國南北戰爭期間，蒲安臣（Anson Burlingame）擔任駐華公使。蒲安臣不僅主張協助滿清政權平定太平天國之亂，他還說服了英、法、俄使節合作，維護和保障「中華帝國的領土完整」，[21]這一詞語甚至還被下一代的海約翰（John Hay）引用。蒲安臣聲稱：「如果簽訂條約的列強能夠彼此都同意中國保持中立，共同維護通商口岸的秩序，並在道義上支持維護中國秩序的那一方，那麼人類的利益就能被保障。」[22]蒲安臣是第一位認識

19 Paul H. Clyde, *The Far East* (New York, 1948), 150-155.

20 Monroe, *China: A Nation in Evolution*, 252-253.

21 Dennett, *Americans in Eastern Asia*, 373.

22 Dennett, *Americans in Eastern Asia*, 373.

到，應該要在中國進一步提高文化影響力重要性的美國特使。1862 年，中國已經成立了教授外語的同文館，由美國學者丁韙良（W. A. P. Martin）負責。蒲安臣並建議滿清朝廷建立一所公立大學，教授西方藝術和科學，[23] 並主張美國傳教士應在中國土地上的「山丘與峽谷中遍立閃亮的十字架」。[24] 1867 年蒲安臣辭職時，清廷要求他代表中國出訪歐美，讓國際社會更瞭解中國。蒲安臣是一位為中華文明發聲的雄辯演說家，使團在美國工作的成果是 1868 年的中美公約，俗稱《蒲安臣條約》。

19 世紀末，中國已成為帝國主義利益追逐的獵物。1894 年至 1895 年甲午戰爭期間，滿清王朝的弱點暴露在全世界面前。與日本簽訂屈辱的《馬關條約》後，中國甚至面臨被瓜分的危機。沙俄強徵旅順、大連租借地，索取蒙古、滿洲為其勢力範圍；英國以遏制俄羅斯在太平洋擴張為藉口租用威海衛為海軍基地；德國租借膠州灣，取得山東租界；法國租借廣州灣，意在宣示它於中國西南地區的特殊利益；日本得到了福建不割讓的保證。在此關頭，美國從美西戰爭中崛起，成為太平洋地區的大國，占有了夏威夷、關島、威克島和菲律賓，得以在遠東政治中成為強手。[25] 1899 年 9 月，美國國務卿海約翰向美國駐倫敦、柏林、聖彼得堡（以及後來向駐巴黎、羅馬和東京）的特使發出了基本相同的資訊，指示他們要求相關國家做出具體的承諾——不得干涉任何通商口岸，不得干涉各方在所謂「勢力範圍」內的既得利益，不得干涉各國在中國可能擁有的租借地；中國關稅應

---

23 Frederick W. Williams, *Anson Burlingame and the First Chinese Mission to Foreign Powers* (New York, 1912), 63-64.

24 Dulles, *China and America*, 136.

25 A. Whitney Griswold, *The Far Eastern Policy of the United States* (New York, 1938), 35.

適用於這些地區的所有商品，並由中國政府徵收；這些「領域」中的港口稅和鐵路收費應該對各方平等。英、德、法、義、日等國給出的回答都是有條件的贊同，但沙俄的回答卻非常含糊。每個強國的贊同都是有條件的，即要看其他列強是否都會贊同。基於這些外交溝通，海約翰於 1900 年 3 月 20 日宣布中國的「門戶開放」原則已被列強所接受。[26]

在宣布「門戶開放」政策之前，中國商業權利的平等是靠「最惠國待遇」原則維護的。「勢力範圍」的形成有顛覆這一原則的危險，並有可能將中國劃分為某些排他性的壟斷區域。「門戶開放」政策就是為了應對這種情況而制定的。值得注意的是，海約翰在其 1899 年 9 月的「門戶開放」照會中並沒有打算停止「勢力範圍」在中國的擴大，而是要求各國保證不會歧視他國在各自租界和「勢力範圍」內的商業利益。這一原則最早是遠東的美國商人提出的。從這個角度來看，「門戶開放」政策並不是為中國利益而設計的無私措施，而是美國謀取私利的工具。[27]

「門戶開放」政策是英、美共同設計的。當時，英國在對華貿易中占據最大分量，不願其商業利益因他國「勢力範圍」的形成而受損。但英國又早已將長江流域和廣東視為「勢力範圍」，由自己出面反對「勢力範圍」擴大的主張，實在難以啟齒。[28]於是英國一再要求美國政府出面，來確保在中國的商業機會均等。實際上，海約翰 1899 年的「門戶開放」照會，是在中國海關的英國專員賀璧理（A. E. Hippisley）建議下，由柔克義（W.

26 Griswold, *The Far Eastern Policy of the United States*, 78.

27 Monroe, *China: A Nation in Evolution*, 236.

28 Mingchien J. Bau（鮑明鈐）, *The Open Door Doctrine in Relation to China* (New York, 1923), 19.

W. Rockhill）起草的。從這個意義上說，「門戶開放」政策只是英、美兩國為保護其在華商業權益免受列強侵犯而採取的防禦措施。[29]

帝國主義對中國的剝削，激起了中國人強烈的排外情緒，引發了「義和團」運動。1900 年，一群祕密宗教狂熱者（「拳民」）起而攻擊各國洋人，摧毀一切代表外國侵略的事物。在清廷的暗中慫恿下，他們殺死了德國公使，圍攻了駐北京的外國使館。[30] 德、日、俄、英、美、法、奧、義立即組織了一支遠征軍，包括美國派遣的二千五百名士兵在內。[31] 海約翰意識到形勢危急，於 7 月 3 日在給八國聯軍的內部通信中宣布，「美國政府的政策是尋求能給中國帶來永久安全與和平的解決方案，維護中國領土和主權完整，保護條約和國際法賦予友好國家的所有權利，並維護世界各國在中華帝國各地公平貿易的原則。」[32] 雖然這份內部通信基本上與前一年「門戶開放」的照會一脈相承，但它更進一步闡明了要維護中國的「領土和主權完整」。然而，海約翰的聲明未能阻止八國聯軍的過激行動。在占領北京並解救了使館區之後，八國聯軍繼續掠奪紫禁城，屠殺中國平民，全面洗劫這座城市，並最終強迫清廷簽訂和約。並非因為「門戶開放」政策，而是因為中國人的防禦，以及聯軍列強間的相互猜忌，才使得中國免於遭受肢解的命運。

事實上，美國並未始終如一地奉行維護中國「領土和主權完

---

29 John K. Fairbank, *The United States and China* (Boston, 1948), 320-321.

30 Edward T. Williams, *China Yesterday and Today* (New York, 1929), 498-501.

31 Morse and MacNair, *Far Eastern International Relations*, 477-478.

32 U.S. Department of State, *United States Relations with China* (Washington D.C., 1949), 416-417.

整」的政策。11 月，海約翰指示美國駐北京公使採取措施，在中國東南部的三沙灣獲取海軍基地和租借地。但是，日本將這一地區視為自己的勢力範圍，便反對美國的主張，並禮貌且諷刺地提醒美國政府最近關於支持中國領土完整的通信。[33]

根據 1901 年的《北京議定書》，八國聯軍向中國勒索了一筆高達三億三千三百萬美元的巨額賠款（「庚子賠款」）。其中美國的賠款數額遠遠高於損耗，於是美國將收到的二千五百萬美元中，沒有用完的一千八百萬美元盈餘還給中國，以表明對中國的善意，並推進中國對美國的友誼。中國政府將這筆款項留作中國青年在中國和美國的教育經費，在北京籌建了一所「庚款學院」，向美國眾多大學派出「庚款學生」。

在「義和團」運動時期，「門戶開放」政策受到第一次嚴峻考驗。沙俄利用聯軍干涉造成的混亂局面占領了滿洲，向中國當局施壓，要求在那裡享有特權。[34] 1902 年 2 月 1 日，海約翰譴責俄國的行動違背了「門戶開放」原則，並向列強發送備忘錄：

> 如果中國將開採礦山、修建鐵路或發展滿洲工業的任何專有權和特權，讓渡給任何公司或企業，將會引致美國政府最嚴重的關切。因為這造成壟斷，是對中國與列強之間已經締結條約的明顯違犯，嚴重影響美國公民的權利，限制美國人的合法貿易，使其遭到歧視、干擾或危害，還會導致中華帝國在這部分領土主權受到永久損害，並嚴重干擾中華帝國履行其國際義務的能力。更有甚者，一旦做出此種讓步，其他列

33 Bailey, *A Diplomatic History of the American People*, 532.

34 Bau, *The Open Door Doctrine in Relation to China*, 36-40.

強無疑會在中華帝國的其他領域提出類似或等同的排他性要求，其結果必然是，列強在帝國範圍內貿易、航海和商業的利益均霑政策，遭到徹底地破壞。[35]

這份備忘錄是繼 1899 年 9 月 6 日和 1900 年 7 月 3 日的通信之後，對「門戶開放」政策所作具體而有力的闡述。旨在阻止俄國於遠東擴張的 1902 年《英日同盟條約》，也主張在中國實行「門戶開放」原則。[36] 1903 年 4 月 25 日，海約翰再次向沙俄抗議，稱其在中國的行為違背了「門戶開放」政策並損害美國的合法利益。在 1903 年的《中美通商條約》中，「門戶開放」原則得到重申，滿洲的港口向世界貿易開放。[37] 然而，挫敗沙俄滿洲計畫的，不是以上的外交照會，而是日俄戰爭。

日俄戰爭期間（1904-1905），奄奄一息的清廷將滿洲劃為戰區，保持中立。這給了美國重申其對華基本政策的機會。1905 年 1 月 13 日，海約翰向世界宣布，美國一直致力於「加強和延續維護中國完整及遠東『門戶開放』的基本政策，使各國享有平等的商貿機會。」[38] 日俄戰爭在狄奧多．羅斯福（Theodore Roosevelt）總統的斡旋下結束。根據《樸資茅斯條約》，雙方承諾撤出滿洲，除了將遼東半島的租借權移交給日本以外，恢復中國對滿洲的專屬管轄。此外，中國對滿洲的主權，以及在滿洲地區貿易和工業機會均等的原則，也得到明確承認。[39]

35 *United States Relations with China*, 3-4.

36 Bau, *The Open Door Doctrine in Relation to China*, 41-42.

37 Bau, *The Open Door Doctrine in Relation to China*, 44.

38 *United States Relations with China*, 5.

39 Morse and MacNair, *Far-Eastern International Relations*, 515-516.

美國對華的「門戶開放」政策，最初是針對沙俄設計一種防禦措施。日俄戰爭後，則立即轉向為針對日本，因為日本已取代俄國成為遠東「門戶開放」原則的主要威脅。1908 年，美國通過《羅脫－高平協定》與日本取得共識，「透過一切和平手段支持中國的獨立和完整，以維護列強在中國的共同利益。」[40]

美國主張維護在中國的商業機會均等，以及維護中國領土和主權完整的兩項政策，實際上是一體兩面：即中國的大門必須平等地向列強開放。顯然，任何一國對中國主權的侵犯行為都會影響其他國家在中國的權益；任何為一國建立專屬勢力範圍的企圖都將損害中國主權。儘管「門戶開放」原則的設計是為了保護英、美利益，並未顧及中國人的真實意願，但它使美國在表面上看來，彷佛是在主張維護中國的領土、主權完整及政治獨立。然而，「門戶開放」一直是僅存於外交文件上的原則，從未見諸事實。當中國形勢有利於「門戶開放」政策時，美國就宣導這一原則；但當中國的「門戶開放」受到某一強國挑戰時，美國就偃旗息鼓，接受現實。老羅斯福寫給白宮繼任者塔虎脫（William Howard Taft）總統的一封信，闡明了美國對「門戶開放」政策的真實態度。1910 年，老羅斯福總統強調：「中國的門戶開放政策，如果可以透過一般外交協議來維持，那是件好事，我希望它在未來也還是件好事。但是，正如滿洲的整個歷史所證明的那樣，只要有一個強權決定無視門戶開放政策，無論是俄國還是日本，為其私利而甘冒戰爭之險，門戶開放政策實際上就會完全消失。」[41]「門戶開放」原則，只是美國的自私政策。

40 *United States Relations with China*, 427.

41 As quoted by Foster R. Dulles in *China and America*, 128-129.

1911 年 10 月 10 日，由孫中山先生領導的中國革命推翻了腐朽的滿清王朝，建立了中華民國。至此，中國結束了近三千年的帝制，成為亞洲第一個共和國。美國政府並沒有立即正式承認中華民國，而是拖延至 1913 年 5 月 2 日，當時滿清政權已經完全垮臺，機會主義者袁世凱就任大總統。[42] 民國初期，美國聯合列強支持袁世凱和封建軍閥，計劃將這些反動派扶植為穩定中國的力量，無視以孫中山為代表的進步勢力。

1914 年第一次世界大戰爆發，中國宣布中立，並要求美國協助防止敵對行動蔓延到中國領土。美、英、俄、德都希望在中國維持現狀，但日本有不同的想法，因為日本參戰主要是為了攫取德國在山東的利益。1915 年 1 月，日本趁歐洲列強生死搏鬥之際，祕密地向中國政府提出了「二十一條要求」。「二十一條要求」對中國國家威望和政治主權充滿敵意，中國如果完全接受，就會淪為日本的保護國。當美國政府得知「二十一條要求」的內容時，國務卿布賴恩（William Jennings Bryan）在 5 月 11 日向東京和北京發出了一份措辭相同的備忘錄，稱美國「對於中日政府間已經或即將簽署的任何協議，只要會損害美國與中國公民已簽署的條約，損害中華民國的政治和領土完整，損害與中國有關的國際政策（即門戶開放政策），美國政府就不可能予以承認和遵守。」[43]

然而，美國政府未能始終如一地捍衛「門戶開放」原則。根據 1917 年 11 月 2 日的《蘭辛－石井協定》，美國默認日本在中國的特權。在重申對中國「門戶開放」政策的同時，該協定聲

42　Dulles in *China and America*, 139.

43　*United States Relations with China*, 8.

稱：「美國和日本政府承認，領土的毗鄰會造成國家間的特殊關係，因此，美國政府承認日本在中國有特殊利益，特別是那些日本已擁有的、具延續性的利益。」[44]「門戶開放」與「特殊利益」是互不相容的。如果日本以有利於自己的方式解釋協定，那麼所有關於「門戶開放」的承諾都變得空洞。儘管《蘭辛－石井協定》於 1923 年正式廢止，但仍是美國前後矛盾的一個案例。

中國於 1917 年 8 月 14 日對德宣戰，因此以戰勝國的身分出席了巴黎和會。中國代表團要求收回德國在膠州灣租借地和德國控制的山東鐵路與礦山。然而，在英、法、義合力支持下，日本堅持要求添加一項條款，將德國在中國的利益轉移到自己手中。美國首席代表伍德羅．威爾遜（Woodrow Wilson）總統站在中國一邊，抗議這種利益的轉讓。然而，中、美聯手並未能挫敗日本，《凡爾賽和約》包含了日本承繼德國在中國山東利益的條款。巴黎和會的卑鄙無恥，震驚並激怒了中國人民，他們舉行示威遊行，要求政府對日本採取強硬立場。中國代表團因此拒絕在和約上簽字，巴黎和會也未能解決遠東問題。[45]

在華盛頓會議上，中、日兩國代表會見了美、英談判代表，以解決山東問題。根據 1922 年 2 月 4 日的條約，日本同意將膠州灣租借地歸還中國，並將膠濟鐵路賣給中國，中國對山東的主權就此恢復。[46] 在美國的支持下，《九國公約》於 2 月 6 日締結。除卻中國以外的締約國同意：

（一）尊重中國之主權與獨立，及領土與行政之完整；

（二）給予中國完全無礙之機會，以發展並維持一有力鞏固之

---

44 *United States Relations with China*, 8.

45 *United States Relations with China*, 9.

46 *United States Relations with China*, 9.

政府；

（三）施用各國之權勢，以期切實設立並維持各國在中國全境之商務實業機會均等之原則；

（四）不得因中國狀況，乘機營謀特別權利，而減少友邦人民之權利，並不得獎許有害友邦安全之舉動。[47]

《九國公約》是在中國推行「門戶開放」主義的國際承諾。透過這個條約，美國的遠東政策被賦予廣泛的、九大國的基礎。然而，《九國公約》並非集體安全條約，而是自我約束。沒有保證執行的規定，它唯一的後盾是簽署國的誠意。美國政府雖然主持了《九國公約》的簽訂，但從未表現出以武力維護「門戶開放」政策的意願。[48] 正如之後的遠東局勢所證明，《九國公約》既沒有阻止日本發動侵略，也沒有維護中國的領土與行政完整。它和往年那些「門戶開放」照會同樣不堪一擊。

1925 年至 1927 年，國民革命如颶風般席捲中國。國共合作從廣州開始「北伐」，旨在推翻封建軍閥，把中國從外國帝國主義的枷鎖中解放出來。當革命軍到達長江流域，奪回了漢口、九江的英租界，民族主義精神達到了新的高度，北伐的矛頭指向帝國主義強國之首的英國。1927 年 1 月 27 日，美國國務卿法蘭克・凱洛格（Frank B. Kellogg）以調解的語氣宣布：「美國政府同情地注視著中國民族主義的覺醒，並對中國人民在重組其政府體制的每一點進步表示歡迎。然而，美國希望自己的公民享有與其他列強公民同等在中國居住的機會，在沒有特權、壟斷或特殊勢力範圍干擾的情況下從事合法職業。」[49] 然而，隨著革命的推

---

47 *United States Relations with China*, 440.

48 Dulles, *China and America*, 160-161.

49 *United State Relations with China*, 442-445.

進，國共分裂了。以蔣介石為首的國民黨右派在南京建立國民政府。1928 年 7 月 25 日，美國政府率先與南京國民政府建立外交關係。[50]

1931 年 9 月 18 日，日本在東北策動「九一八事變」，這是一場精心策劃的入侵，部分歷史學家認為這是第二次世界大戰的真正開始。到年底，日本幾乎完成對東北的軍事占領。無論是《國際聯盟盟約》，還是《非戰公約》（Kellogg-Briand Pact），都未能對日本軍國主義構成任何障礙。1932 年 1 月 7 日，美國國務卿亨利・史汀生（Henry L. Stimson）向日本和中國發出相同的照會，宣稱美國「不能承認任何『既成事實』的合法性，如果中、日兩國政府或代理人之間簽署的協議和條約有損於美國或其公民在中國的條約權利，或涉及中華民國的主權獨立、領土和行政權完整，或涉及俗稱『門戶開放』的中國國際政策，美國也不會予以承認；並且，任何與 1928 年 8 月 27 日《非戰公約》的條款和義務相違背的局面、條約或協議，美國都不會承認，因為中、日、美三方都是《非戰公約》的簽約國。」[51] 史汀生的「不承認」政策並非創新，它實際上只是「門戶開放」主張的衍生條款，史汀生通過援引《非戰公約》來支持這個傳統政策。

在日本「大陸擴張」的毀滅性大軍面前，中國的「門戶開放」原則消失了。1937 年 7 月 7 日，日軍在北平附近製造了「蘆溝橋事變」，中國被迫拿起武器捍衛領土完整和國家生存。兩軍對峙之時，美國向日本提出非正式斡旋來解決爭端，但卻被忽略。此外，布魯塞爾《九國公約》簽署國會議也沒有形成針對

---

50 *United State Relations with China*, 12.

51 *United State Relations with China*, 446-447.

日本的協調行動。10 月 5 日，富蘭克林・羅斯福總統（Franklin D. Roosevelt）在芝加哥發表了著名的「隔離演說」（Quarantine Speech），提倡積極努力消滅「世界無法無天的流行病」。次日，國務卿赫爾（Cordell Hull）譴責日本在中國的行徑違反《九國公約》和《非戰公約》的規定。[52] 但即便如此，美國政府也並未準備以更有力的措施來阻止日本的侵略。儘管美國輿論普遍同情中國，且美國政府拒絕援引 1937 年的《中立法案》，認為執行該法案的規定，對中國的不利將大於對日本的不利，但美國政府還是冷血地，以現金交易出貨的方式，向日本輸出了大量飛機、航空汽油、炸彈和廢鐵，實際上助長了日本的暴行。[53]

在中日交戰的第一階段，美國對日政策在有為與無為、抗議與退卻之間搖擺不定。1939 年 9 月 1 日，納粹德國入侵波蘭，歐戰開始。法國的崩潰、英國的絕境，以及蘇聯對歐洲戰區的關注，使美國成為唯一還能在遠東採取有效措施的強權。是時候美國該採取行動遏制日本了。1940 年 7 月 25 日，在中國獨自抗戰三年多後，羅斯福發布聲明，限制向日本運送機械、石油和廢鐵，啟動了遲遲拖延的禁運。[54]

面對日本在遠東的侵略和德國在歐洲的擴張，美國越來越關注自身的國家安全。1940 年 9 月 27 日，日、德、義締結三國同盟。根據這一協定，三個軸心國承諾，當它們之中的任何一個國家遭到某個當時尚未捲入歐洲戰爭或中日衝突的大國襲擊時，它們將以一切政治、經濟和軍事手段相互支援。由於蘇俄作為另一個重要非交戰國被特別豁免，該條約非常明顯是故意針對美

52 *United State Relations with China*, 19.

53 Bailey, *A Diplomatic History of the American People*, 790.

54 Bailey, *A Diplomatic History of the American People*, 791.

國的。[55] 此外，根據該條約的規定，日本承認並尊重德國和義大利在建立歐洲「新秩序」的領導地位，德國和義大利也同樣承認並尊重日本在「大東亞」中的領導地位。面對軸心國統治世界的危險，美國的國家安全處於危機之中。正是這種情況，迫使美國在歷史上首次採取更有力的步驟來挑戰日本在遠東的霸權。1941 年 3 月 15 日，美國政府決定將租借法案擴大到中國。5 月 6 日，羅斯福宣布保衛中國即是保衛美國的關鍵。[56]

1941 年下半年，美、日之間的緊張關係變得更為兇險。兩國代表在華盛頓進行非正式會談，美國試圖說服日本退出三國同盟，並堅持要求日本接受幾項國際關係的基本原則。11 月 26 日，國務卿赫爾向日本特使遞交一份詳盡的照會，要求日本與太平洋國家締結多邊互不侵犯條約，從中國和印度支那撤出所有軍力，支持中國國民政府，反對中國領土上的任何其他政權。作為回報，美國願意與日本談判基於最惠國待遇的貿易協定，並解凍日本在美國的資金。[57] 只是日本不但沒有接受美國的提議，反而試圖誘使美國承認日本在遠東的霸權，並停止美國對中國的援助。12 月 7 日，當談判還在進行之中，日本便在珍珠港進行了背信棄義的突襲。

從歷史上看，美日非正式對話是美國維護中國「門戶開放」政策的延續。無論是 1931 年日本占領東北，還是 1937 年中國奮起抗日，美國都沒有表示用武力維護其在遠東傳統政策的意願，是 1941 年的世界局勢迫使美國冒著戰爭風險對抗日本侵略。顯然，除了維持中國「門戶開放」之外，還有更多的潛在原因導致

---

55 Cordell Hull, *The Memoir of Cordell Hull*, in two volumes (New York, 1948), I, 908-909.

56 *United States Relations with China*, 26.

57 *United States Relations with China*, 464-466.

美國與軸心國之間的戰爭終究不可避免。自從美國成為了「民主國家的兵工廠」，以及羅斯福總統和邱吉爾首相（Winston Churchill）於 1941 年 8 月 14 日發表聯合聲明（稱為《大西洋憲章》）以來，美國就遲早會捲入戰爭。然而具有重要意義的是，它拒絕承認日本在遠東的特權地位，擁護在中國「門戶開放」，這種政策的前後不一致，最終促成美國捲入第二次世界大戰。

第 2 章　中國內戰與蘇、美關係

在美、中結盟對抗軸心國之前，美國在中國的利益主要是商業利益。為了維護在中國的條約權利與既得利益，美國始終支持現有政府與社會秩序，以阻止外國侵略或內部動盪。然而，從最早的「對華貿易」到近年鼓吹「門戶開放」主義，美國政府一直避免公開直接干預中國國內的政治鬥爭。美國的對華政策雖然本質上是利己主義的，但偶爾也帶點理想主義色彩。到第二次世界大戰期間，美國越來越捲入國共紛爭。從那時起，美國政府就將其對華政策建立在對共產主義的恐懼和對蘇聯的猜忌之上。美國外交對中國內政產生了重要影響；同樣的，中國局勢的變化也極大地影響了美國在遠東的政策。

近代史上的中國革命運動（太平天國運動、1911 年辛亥革命、1925 年至 1927 年的革命、抗戰，以及目前的國共內戰），反映了中國人掙脫半封建、半殖民地雙重枷鎖的不屈意志。這些運動是對外國帝國主義挑戰的回應，也象徵中國人民解放的道路是漫長而曲折的。在過去的三十年裡，國共之間的鬥爭一直占據著中國的政治舞臺。在討論美國如何捲入這場鬥爭之前，有必要先簡要回顧一下國共互動的歷史。

國民黨由孫中山創立，並奉其政治學說為圭臬。國民黨在 1911 年透過辛亥革命推翻滿清，建立中華民國，但沒有動員中國廣大人民群眾，因而未能鞏固其政權。1911 年的革命只是名義上改變了政府形式，並沒有成功地將中國從半封建、半殖民地的束縛中解放出來。軍閥篡權後，孫中山及其追隨者在廣東南部形成了弱小的反對黨。在整個民國初期，國家統一和民主並未能在中國確立。

第一次世界大戰期間，中國人民的民族意識和政治抱負被喚醒。當西方列強忙於戰爭，中國的民族資產階級和中產階級得到了擴大影響的機會，要求完全的民族獨立和政治改革。與此同時，工人階級成為一支革命力量。1917 年，俄國十月革命震驚世界，為中國人解決自身問題樹立榜樣。十月革命使俄國脫離了資本主義陣營，使俄國在政治、社會和經濟生活各方面發生了根本變化，改變了人類歷史的進程。蘇聯的出現，讓亞洲殖民地、半殖民地國家的民族主義運動找到了強大的盟友，並與西方的無產階級革命聯合起來共同反對帝國主義。[1] 孫中山本人雖然從未服膺共產主義思想，但他明白布爾什維克在俄國取得成功的重大意義。他向列寧發送賀電，宣稱十月革命給人類帶來了偉大的希望。[2]

1919年春，中國代表應邀出席在莫斯科舉行的共產國際（即第三國際）第一次代表大會。1919 年 7 月和 1920 年 10 月，蘇維埃政權先後兩次向中國發表宣言，提出將前沙皇政權侵占的領土歸還中國，無償恢復中國對中東鐵路的主權， 放棄庚子賠款中得到的數額，放棄一切治外法權和特權，並廢除一切不平等條約。[3] 來自莫斯科的友好訊息引起了中國人的熱情和欽敬。由於中國的願望曾在巴黎和會被任意否決，對西方列強的幻想破滅，而蘇聯宣布的政策與帝國主義國家的侵略圖謀形成鮮明對比。因

---

1 Mao Tze-tung, *The New Democracy* (Yenan, 1941), 5-13.

2 As quoted by Madame Sun Yat-sen, in her "Speech on the Inauguration Ceremony of the Sino-Russian Association of Friendship", *New York China's Daily News*, October 18, 1949.

3 Victor A. Yakhontoff, *Russian and the Soviet Union in the Far East* (New York, 1931), 381-383.

此，許多中國人認為蘇聯是第一個平等對待中國的國家。

1920 年，在陳獨秀、李大釗和毛澤東的領導下，由少數知識分子組成的共產主義小組在北京和上海成立。為了傳播共產主義思想，他們出版關於馬克思主義和中國革命問題的期刊。[4] 1920 年 9 月，共產國際在巴庫（Baku）召開東方民族大會，包括中國在內的三十多個國家代表齊聚一堂，商討亞洲國家的革命綱領。[5] 1921 年 7 月，中國共產黨在上海正式成立。不久，在中國各省市，以及俄、法、德、日等國的中國留學生中，都出現了共產主義小組。[6] 隨著中國革命運動的推進，中共成為革命學生、工人和農民的強大組織。

為了實現國民革命的目標，孫中山先生迫切希望得到國外的援助。他早深望得一美國剌花逸（拉法葉，Lafayette），協助吾等，使得成功。但美國非但不支持革命事業，反而與列強合作，支持中國的封建軍閥。在多次對西方列強失望之後，孫中山轉而向蘇聯求教和求助。[7] 1923 年底，廣州正處於動盪時期，當英、法、日、美各國的軍艦與砲艦脅迫廣州時，孫中山先生公開表示：「我們不再瞻首西方，我們的臉轉向俄羅斯。」[8] 中蘇兩國的利益至少在某方面是一致的，那就是反帝鬥爭。

1922 年夏，蘇聯使團來華。代表團團長越飛（Adolph Joffe）在上海會見了孫中山先生。經過一系列討論，1923 年 1 月發表了《孫越宣言》如下：

4　Hwa Kong, *The History of the National Liberation of China*, II, 51-52.

5　Arthur N. Holcombe, *The Chinese Revolution* (Cambridge, 1930), 158.

6　*United States Relations with China*, 42.

7　Holcombe, *The Chinese Revolution*, 159-160.

8　As quoted by Harley F. MacNair in *China in Revolution* (Chicago, 1931), 72.

> 孫逸仙博士以為共產組織，甚至蘇維埃制度，事實上均不能引用於中國，因中國並無可使此項共產制度或蘇維埃制度實施成功之情形存在之故。此項見解，越飛君完全同感，且以為中國最重要最緊迫之問題，乃在民國的統一之成功，與完全國家的獨立之獲得。關於此項大事業，越飛君並向孫博士保證，中國當得俄國國民最摯熱之同情，且可以俄國援助為依賴。[9]

孫中山先生與越飛的會面標誌著中國革命的轉捩點。此後，中國的革命運動在意識形態上與蘇聯和共產國際結盟。1923 年秋，蘇聯任命前外交人民委員會副政委、東方外交專家加拉罕（Leo Karakhan）為駐北京政府大使。與此同時，莫斯科派出有實際經驗的政工人員鮑羅廷（Michael Borodin）幫助孫中山先生在廣州重組並壯大革命力量。加拉罕的工作成果是1924年的《中蘇協定》，蘇聯履行了其在 1919 年和 1920 年的承諾。[10] 更重要的是，鮑羅廷在廣州的使命使中國革命的原則和策略發生了根本性的變化，並幫助建立了國共兩黨的第一次合作。

國民黨第一次全國代表大會於 1924 年 1 月在廣州召開。在鮑羅廷的建議下，孫中山先生按照俄國布爾什維克黨的路線改組國民黨，並明確地、系統地提出他的三民主義原則：

（A）民族主義，中國民族自求解放，中國境內各民族一律平等，幫助世界上被壓迫的民族；

（B）民權主義，人民行使四項政權（選舉、罷免、創制、複

---

9 The Chinese Ministry of Information, *China Handbook 1937-1945* (New York, 1947), 66.

10 Morse and MacNair, *Far Eastern International Relations*, 678.

決），政府被賦予五項治權（立法、司法、行政、考試、監察）；

（C）民生主義，作為國家社會主義的原則，平均地權，節制資本，企業或有獨占的性質，或規模過大為私人之力所不能辦者，由國家經營管理之。[11]

在大會上，孫中山先生提出了「三大政策」：（A）聯俄容共；（B）反對帝國主義；（C）扶助農工。[12] 在三民主義和三大政策的旗幟下，中國的一切革命力量決定聯合起來。

與此同時，第一次國共合作成形，願意接受三民主義和國民黨領導的中共黨員可以被接納為國民黨黨員。於是，許多中共黨員加入了國民黨，為國民黨注入了新的血液和活力。然而，中共黨員是以個人身分加入國民黨，而不是以政黨組織的形式加入。他們加入了國民黨，與國民黨員結盟，從事革命，但中共仍維持自身組織的獨立性。[13]

在蘇聯的幫助下，孫中山創辦黃埔軍校，培養領導革命軍的學員。甫從莫斯科訪問歸國的蔣介石被任命為校長。以加倫將軍（General Galens，原名 Blucher）為首的蘇聯軍官幫助國民黨建立軍隊。[14]

1925 年 3 月 12 日，孫中山先生在北京逝世。臨終前他致書聯共（布）中央執行委員會：「我願表示我熱烈的希望，希望不久即將破曉，斯時蘇聯以良友及盟國而歡迎強盛獨立之中國。兩國在爭取世界被壓迫民族自由之大戰中，攜手並進以取得勝

11　Sun Yat-sen, *The Three Principles of the People* (Canton, 1924), pass in.

12　MacNair, *China in Revolution*, 93.

13　*China Handbook, 1937-1945*, 66.

14　Holcombe, *The Chinese Revolution*, 192.

利。」[15] 在遺囑中，孫中山先生告訴他的追隨者們，累積四十年的革命經驗使他深知，為了國民革命的成功，「必須喚起民眾，及聯合世界上以平等待我之民族，共同奮鬥。」[16] 他指的是組織廣大的工農群眾，並同沒有帝國主義企圖的蘇聯等國合作。

中國國民革命的條件已經成熟。1926 年 7 月初，國共兩黨正式發動「北伐」。在大批政工的陪同下，十萬餘革命軍人[17] 從廣州出發，消滅軍閥，實現中國的「統一政府」。蔣介石的官銜是總司令，但北伐軍的動力是中共和參加北伐軍的革命學生、工人和農民。作為政治和軍事顧問，鮑羅廷、加倫將軍和其他蘇聯軍官也參加了北伐。民眾支持北伐熱情高漲，不少城市在革命軍尚未到達時，就投誠並宣布效忠北伐事業。在人民的支持下，革命軍順利北上。他們占領了湖南，奪取了武漢，然後揮師東進南京和上海，當地的共產黨政工挫敗駐軍的士氣，組織民兵守衛大都市，以待北伐軍的到來。然而，就在這個關頭，國共分裂了。

國民革命滋生了新的軍閥主義，反過來破壞國民革命。在北伐過程中，國民革命軍總司令蔣介石以武力奪權，背棄了孫中山先生的三民主義和三大政策。蔣總司令並不真正信仰孫中山學說，作為一個軍事機會主義者參加革命，一旦革命超越他的想望，他就背叛革命，並與帝國主義分子、上海銀行家們和其他保守分子結盟。1927 年 4 月上旬，蔣總司令接管上海後，立即殘酷地清洗中共和工人領袖。[18] 在他的命令下，廣州和其他地方也發生同樣的血腥清洗。數十萬青年和工人在「白色恐怖」中喪

---

15 *The New York Tribune*, October 18, 1949.

16 Sun Yat-sen, "The Will of Dr. Sun Yat-sen".

17 MacNair, *China in Revolution*, 108.

18 MacNair, *China in Revolution*, 115.

生。國民革命的前景驟然黯淡下來。在評論蔣介石的背叛時，古斯塔夫・阿曼（Gustav Amann）寫道：「大家為了事業，為了蔣介石的光榮崛起，為了軍隊的勝利，所做的一切，都被遺忘了……最糟糕的事情已經發生。正是孫中山一直稱之為威脅他事業的危險已經發生。他自己黨內的軍國主義者已準備摘取革命的勝利果實。」[19]

蘇聯政府和共產國際都密切關注中國國民革命。當蔣總司令背叛革命時，中共和國民黨左派仍然控制著武漢的聯合政府。但是，當時托洛茨基及其追隨者誤判中國的形勢，他們的想法被中共內部的「左傾機會主義者」所認同。[20] 時任中共領導人的陳獨秀對國共合作的態度是搖擺不定、拖延不決的，他既不願意，也沒有動員工人和農民爭取北伐軍以保衛革命。正如毛澤東最近評論的那樣，在進一步妥協顯然意味著災難的時刻，陳獨秀「搖擺不定的機會主義」放棄了黨的決定性領導權和黨本身的路線。[21] 國民黨左派在與中共合作或投降蔣介石之間搖擺不定，最後背叛了中共。在最緊要關頭，革命力量已不能控制武漢聯合政府，不能對抗蔣介石的「反革命」堡壘。1927 年 7 月，鮑羅廷被迫離開中國。不久，孫中山夫人〔宋慶齡〕等革命領袖避難莫斯科。離開祖國時，宋慶齡譴責國民黨放棄已故領袖的革命學說，並預言性地表達她對中國革命最終勝利的信念。[22]

1927 年 8 月 1 日，在朱德將軍的配合下，周恩來將軍和葉挺將軍領導中共在江西南昌的北伐軍「鐵軍」成功起義。「南昌

---

19 As quoted by Victor A. Yakhontoff in *The Chinese Soviets*, (New York, 1934), 77.

20 Holcombe, *The Chinese Revolution*, 219-221.

21 Edgar Snow, *Red Star Over China* (New York, 1938), 147.

22 Holcombe, *The Chinese Revolution*, 226-227.

起義」為共產黨帶來了大約一萬五千名訓練有素的士兵，他們形成了後來紅軍和現在人民解放軍的核心。在最困難的情況下，中共重新集結力量，開展新的鬥爭。8 月 7 日，中共中央罷免了陳獨秀，並採用基於土地改革的新黨綱。[23] 此後，黨的領導權逐漸轉向毛澤東。1928 年 5 月，毛澤東在湘贛邊境的井岡山與朱德會師，在那裡建立蘇維埃式的政權，對抗南京的蔣介石政府。

蔣介石總司令背離孫中山先生的三民主義原則和三大政策，成為外國帝國主義的工具和反動勢力的首腦。法西斯作風被引入國民黨和國民革命軍；墨索里尼和希特勒被公開地譽為政治領袖的典範。墨索里尼有他的「黑衫軍」，希特勒有他的「褐衫軍」，蔣介石則組織「藍衣社」和祕密員警。帝國主義列強透過國民政府擴大在華利益，並扶植蔣總司令代表他們的利益統治國家，[24] 他從列強得到的經濟和軍事援助比以往任何軍閥都來得多。英、美在中國的經濟利益已經發展到了激起日本嫉妒和怨恨的地步。蔣總司令與西方列強之間的密切關係，是 1931 年日本入侵東北的直接動機之一。

日本的侵略構成了對中華民族生存的最嚴重威脅。早在 1932 年 2 月，中共就對日宣戰，並發表宣言，號召建立全國武裝力量統一戰線，共同對抗日本帝國主義。[25] 而軍事委員會委員長蔣介石卻藉口軍備不足，對日採取屈辱的綏靖政策，轉而調兵鎮壓革命運動。從 1931 年到 1933 年，蔣委員長對中共發動了五次大規模的軍事圍剿行動。第四次和第五次圍剿是在納粹德國將軍塞克特（von Seeckt）和法肯豪森（von Falkenhausen）監督下策劃

23 Snow, *Red Star Over China*, 149.

24 Owen Lattimore, *Solution in Asia* (Boston, 1945), 79-80.

25 Snow, *The Red Star Over China*, 166-167.

的，[26] 並得到了英、美、義、德等國的飛機和戰車援助。[27] 這些圍剿，約略動員了九十萬國民革命軍。[28] 而一次又一次，蔣委員長的軍隊未能擊垮紅軍。1934 年 10 月，為打破國民黨勢力的封鎖，更好地對抗日本侵略，中共從贛南開始了著名的「長征」，克服了看似無法逾越的困難，在陝北建立了新蘇維埃。[29]

隨著民族危機的加深，中國人民和各進步政黨認識到建立統一戰線的必要性，以應對日本侵略造成的危險局面。1935 年 12 月，學生在北平、南京、上海等地示威遊行，呼籲停止內戰，要求武裝抗日。1936 年 5 月，中華全國救國聯合會在上海成立。[30] 8 月 26 日，中共向國民黨提出：「我們願意同你們結成一個堅固的革命的統一戰線，如像 1925 至 27 年第一次中國大革命時兩黨結成反對民族壓迫與封建壓迫的偉大的統一戰線一樣，因為這是今日救亡圖存的唯一正確的道路。」[31] 對於這些呼籲，國民政府的回應是政治逮捕和軍事鎮壓。

歷史性的轉折發生在陝西省省會西安，時間是 1936 年 12 月 12 日。當蔣委員長和隨從前往西安策劃針對中共的第六次圍剿時，他被東北軍司令張學良和西北軍司令楊虎城拘捕為人質。張學良和東北軍被日本逼迫離開了東北故土，他們對侵略者懷有深切的仇恨，不願被蔣委員長利用而繼續進行自相殘殺的內戰。實際上，到 1936 年底，東北軍就已經與中共達成休戰協定。拿下蔣委員長後，張學良、楊虎城兩位將軍通電全國，要求改組國民

---

26 *United States Relations with China*, 45.

27 Snow, *The Red Star Over China*, 379-380.

28 Snow, *The Red Star Over China*, 165.

29 Snow, *The Red Star Over China*, 171-196.

30 Lawrence K. Rosinger, *China's Wartime Politics, 1937-1944* (Princeton, 1945), 14-15.

31 As quoted in *United States Relations with China*, 46.

政府，承認各黨派共擔救國重任；停止內戰；立即釋放政治犯；實現孫中山先生的遺囑；並立即召開救國會議。[32] 中共的代表，特別是周恩來將軍，應邀到達西安討論局勢。起初，東北軍的許多激進軍官都贊成處決蔣委員長。以何應欽將軍為首的國民政府反動勢力，在日本的鼓動下不顧蔣委員長的安危，派出前往西安的討逆軍。然而，中共深知沒有蔣委員長的參與，軍事抗日無法有效進行，因此決定將他釋放，並說服他接受統一戰線。這一觀點也得到莫斯科方面的支持。[33] 蔣委員長被拘留在西安期間，有關各方就新的國共合作進行談判，在他於 1936 年 12 月 25 日獲釋之前，已經獲致基本協議。[34]

「西安事變」的結果改變了內戰的進程，加速了統一戰線的形成。1937 年 7 月 7 日，中國抗戰正式打響。為了鞏固統一戰線，消除盟友的疑慮，中共中央於 9 月 22 日宣布：

（1）中山先生的三民主義為中國今日之必需，本黨願為其澈底的實現而奮鬥。

（2）取消一切推翻中國國民黨政權的暴動政策及赤化運動，停止以暴力沒收地主土地的政策。

（3）取消現在的蘇維埃政府，實行民權政治，以期全國政權之統一。

（4）取消紅軍名義及番號，改編為國民革命軍，受國民政府軍事委員會之統轄，並待命出動，擔任抗戰前線之職任。[35]

---

32 James Bertram, *First Act in China: The Story of the Sian Mutiny* (New York, 1938), 126-127.

33 Bertram, *First Act in China: The Story of the Sian Mutiny*, 521-522.

34 Snow, *The Red Star Over China*, 413-422.

35 Rosinger, *China's Wartime Politics*, 96-97.

第二天，蔣介石發表聲明歡迎共產黨政策的改變，他在聲明中說：「……國民今日皆已深切感覺，存則俱存、亡則俱亡之意義，咸認整個民族之利害，實超於一切個人、一切團體利害之上……在危急存亡之秋，更不應計較過去之一切，而當使全國國民澈底更始……」[36]

為了兌現諾言，中共將蘇區改名為陝（陝西）甘（甘肅）寧（寧夏）邊區，並將紅軍改組為第八路軍（即後來的第十八集團軍），朱德任司令員，葉劍英任參謀長，林彪、賀龍、劉伯承任師長。不久之後，長江以南原中共武裝被改編為新編第四軍，葉挺將軍任司令員。根據國民政府的命令，八路軍被劃定在華北地區活動，新四軍被劃定在長江下游地區。

為適應新形勢的迫切需要，國民政府針對公民權利和有限民主化問題採取措施。中共被允許在國統區出版《新華日報》，周恩來被任命為國民政府軍事委員會政治部副部長。1938 年 4 月，國民黨臨時全國代表大會通過《抗戰建國綱領》，成立國民參政會。《抗戰建國綱領》確定孫中山先生的革命原則和學說是抗戰及建國之最高準繩，將戰時一切權力歸於國民黨和蔣介石委員長的控制之下，並承諾動員全民參戰。[37] 國民參政會的成立是為了統一國家力量，監督政府政策的制定和執行，其中為中共保留八個席位。雖然國民參政會只有顧問權，但隨著國共紛爭的產生，使它成為戰時政治的重要機關。

在國共合作的第一年，兩黨並肩作戰保衛國家。國軍在正面

---

36 Chiang Kai-shek, *The Collected Wartime Messages of Generalissimo Chiang Kai-shek*, in two volumes (New York, 1946), I, 41-43.

37 The Chinese Ministry of Information, *The Chinese Year Book, 1938-1939* (Shanghai, 1939), 37-38.

戰場抗擊侵略者，共軍則在敵人後方開展游擊戰。儘管事實上，沿海省分的大都市都已被日軍占領，中國人民仍然堅信會贏得戰爭的最後勝利。然而，國民黨仍然執著於一黨專政。他們不信任中共，對共軍游擊戰的成功，以及由此產生而受中共影響的群眾運動穩步增長感到擔憂。1938 年下半年，國民政府開始解散中共領導的群眾組織，並向共軍發起進攻。1939 年，蔣介石委員長以嚴密的軍事封鎖包圍共區。1941 年 1 月的最初兩周，發生了「皖南事變」。蔣委員長命令新四軍從長江南岸向北移動，並制定行軍路線。就在新四軍主力渡江時，國軍襲擊新四軍司令部，逮捕葉挺將軍。數千名後衛和工作人員，包括婦女和傷患，被無情地屠殺或俘虜。[38] 與此同時，國民政府在國統區迫害中共的同情者和激進學生。「皖南事變」標誌著中國內戰的真正開始，蔣委員長揭下了他在國共戰時真誠合作的假面具。

值得注意的是蘇聯對中國抗戰的態度。1927 年，國民政府在分共後，斷絕與莫斯科的一切關係，並在國統區開展反蘇活動。只是在日本侵略造成的民族危機日益深重的形勢下，蔣委員長才注意到蘇聯的幫助。1932 年 12 月 12 日，國民政府與蘇聯恢復外交關係，南京、莫斯科互派大使。在「西安事變」過程中，蘇聯政府認為要組成中國抗日統一戰線，非蔣委員長不可，並出手幫助挽救他的性命。抗戰爆發後，中蘇於 1937 年 8 月 21 日簽訂了《中蘇互不侵犯條約》。戰爭初期，據時任美國駐莫斯科大使約瑟夫・戴維斯（Joseph E. Davies）稱，蘇聯向國民政府提供一億法幣的信貸，用於購買軍用物資，但蘇聯實際交付的數

---

38 Theodore H. White and Annalee Jacoby, *Thunder Out of China* (New York, 1946), 75-77.

量更遠遠超過這個數值。蘇聯政府派出四百多架最好的轟炸機和驅逐機，配備飛行員和技術人員，幫助中國。[39] 其他的戰爭物資，包括戰車和卡車，則通過土西公路運往中國。1939 年 6 月 16 日，中蘇簽訂貿易協定。9 月，歐陸開戰，並沒有立即改變中蘇關係。從 1938 年到 1940 年，蘇聯為中國安排價值約三億法幣「沒有任何政治條件」的物物交換，用機器和軍火交換茶葉和礦產。[40] 所有這些軍事和經濟援助都通往國民政府，蘇聯沒有向中共直接提供過一支步槍或一顆子彈。[41] 中國抗戰的前四年，美國還在向日本出售廢鐵、彈藥和航空汽油，而英國則一度封鎖滇緬公路，以迫使中國接受日本的和談條件。蘇聯似乎是唯一堅決支援中國的國家。即使是蘇聯對軸心國採取的防禦措施，即 1941 年 4 月 13 日蘇日締結的《日蘇中立條約》，也沒有改變蘇聯對中國的態度。直到 1941 年 6 月 22 日，納粹德國全面入侵蘇聯後，蘇聯才被迫停止對中國的軍事援助，但民用物資，如藥品、石油和卡車，仍繼續送入國民政府之手。

日本偷襲珍珠港，使得亞洲和歐洲各自為陣的戰局合併為一場全球衝突。1941 年 12 月 9 日，中國跟隨美國，正式對日本及其盟國德、義宣戰。1942 年 1 月 1 日，中、美、英、蘇和其他二十二個反軸心國在華盛頓簽署聯合聲明，贊同《大西洋憲章》中包含的共同目標綱領和原則，並保證以全力對付參與《德義日三國同盟條約》的成員國，絕不單獨與敵國媾和。因此，中國成為聯合國的初始會員國，中國對日本侵略的長期抗戰，與世界共

39 Joseph E. Davies, *Mission to Moscow* (New York, 1944), 218 -220.

40 Harriet L. Moore, *Soviet Far Eastern Policy, 1931-1945* (Princeton, 1945), 117-119.

41 Moore, *Soviet Far Eastern Policy, 1931-1945*, 135.

同對抗軸心國連在一起了。[42]

早在日本偷襲珍珠港前幾個月，美國就開始援助中國。1941 年初，美國政府允許志願飛行員幫助中國保衛領空。中華民國空軍美籍志願大隊（「飛虎隊」）由陳納德上校（Claire L. Chennault，後升為少將）指揮，與中國政府簽約。勇敢的飛虎隊隊員重創日本空軍，並為重慶、昆明和滇緬公路提供有效的防禦。3 月 15 日，羅斯福總統宣布延長對中國的租借法案。11 月，一支由現代戰爭各個領域專家組成的美國軍事代表團抵達中國，指導中國士兵使用租借法案提供的武器。1941 年下半年，啟動安排中國空軍學員赴美訓練的計畫。[43]

美國和英國參加太平洋戰爭，並沒有立即使中國擺脫日軍的龐大壓力。戰事初期，美、英非但沒有扭轉東南亞戰局，反而遭受丟失香港、新加坡、菲律賓、荷屬東印度和緬甸的屈辱性失敗。西方列強開始感佩中國人的堅韌，中國軍人和平民在巨大的困難面前進行了將近五年的抗戰。可以說，中國的抗戰牽制了三百萬日本士兵，使美國得免於與原本強大得多的日本作戰，避免更多的流血犧牲。這一認知鑄就了對中國的尊重和欽佩。1942 年 2 月，美國國會以非比尋常的速度，一致通過了羅斯福總統提出的向中國提供五億美元財政援助的提議。[44]

由於中國已成為盟軍全球戰略的一部分，中國政府要求美國派一名高級將領監督和控制所有美國的對華援助，並在蔣委員長的領導下指揮所有在華美軍，以及可能會調撥給他的中國軍

---

42 Chinese Ministry of Information, *China Handbook, 1937-1944* (Chungking, 1944), 88-89.

43 *United States Relations with China*, 28-29.

44 See "President Roosevelt's Message to Generalissimo Chiang", *United States Relations with China*, 510.

隊。經由時任戰爭部部長亨利・史汀生（Henry L. Stimson）之挑選，與馬歇爾將軍的支持，時任美國陸軍參謀長的史迪威中將（Joseph W. Stilwell）被派往中國。[45] 史迪威將軍除了擔任中緬印戰區美軍總司令和中國遠征軍總司令外，還與國民黨反動軍閥何應欽將軍並列，成為蔣委員長的二大幕僚之一。[46]

史迪威將軍的使命是訓練和裝備中國士兵與日本作戰，他為履行這一職責做好充分準備。作為一名有語言天賦的軍校學生，以及接續的美國駐北京大使館武官，他曾在中國渡過人生中最美好的時光，對中國的歷史和潛在的願望有了深入的瞭解。[47] 他喜歡並相信中國人，在學生時代曾同情太平天國運動，認為外國列強多次干涉中國的反封建、反帝運動，是場悲劇。[48] 在他的領導下，大量中國地面部隊接受了美國軍官的訓練，並在印度和中國本土裝配了美國武器。史迪威將軍認為中國人擅長現代軍事，在給馬歇爾將軍的報告中寫道：「我對中國軍人的看法一如既往。只要有良好的訓練、設備和領導，中國人不會比任何人遜色。」[49] 儘管他過分重視頗受爭議的緬甸戰場而受到批評，但他是美國在二戰期間培養的最優秀將軍之一。

在結盟的那些關鍵歲月裡，美國對華政策有兩個目標：一是保持中國對日本的有效抵抗；二是支撐中國的大國地位，從而提升國民政府的威信。1942 年 10 月 9 日，美、英兩國協同，

---

45 Henry L. Stimson and McGeorge Bundy, *On Active Service in Peace and War* (New York, 1948), 529-532.

46 *United States Relations with China*, 29-30.

47 Joseph Stilwell, *The Stilwell Papers*, arranged and edited by Theodore H. White (New York, 1948), ix-x.

48 Israel Epstein, *The Unfinished Revolution in China* (Boston, 1947), 335-336.

49 Frank Monagan ed., *Heritage of Freedom* (Princeton, 1947), 139-140.

通知中國政府願意放棄他們在中國的治外法權及相關權利。經過談判，1943 年 1 月 11 日在華盛頓締結新約，美國放棄在中國的治外法權和相關規定。[50] 為了改正「一個歷史性的錯誤」，羅斯福於 12 月 17 日簽署廢除長期存在的《排華法案》，並規定每年一百零五個中國移民配額。[51] 很大程度上是由於美國的堅持，中國才成為 10 月 30 日在莫斯科締結的《共同安全宣言》（Four Powers' Declaration on General Security）簽署國之一，[52] 得以與英、蘇、美共同參與制定盟國戰略、籌建和平組織與建立聯合國。12 月 1 日，美、英、中三國在開羅會議上聯合宣布，追回日本自 1914 年以來在太平洋奪取的所有島嶼，以及「日本所竊取於中國之領土，例如東北四省、臺灣、澎湖列島等，歸還中國」。[53]

然而，中國的戰爭努力被國民黨的反動政策弱化了。「皖南事變」之後，蔣介石委員長等人一心清除中共，破壞抗日戰爭。美國捲入全球衝突之後，蔣委員長實質上是坐視戰爭，為計畫中的反共運動積蓄力量和美國物資。坐落在山城重慶的國民政府似乎與人民失去了聯繫，也失去人民的支持，已經淪為反動的軍事和政治集團，主要利益是維護他們的私利，並爭奪權位。孫中山先生的政治思想已被木乃伊化，國民黨已經失去了活力，無法為人民提供有力的領導。[54] 蔣委員長和他的追隨者們日日夜夜盼著美國派出大量飛機和戰車來幫助他們，伺機收穫他人贏得的勝利

50 *United States Relations with China*, 514-519.

51 *China Handbook, 1937-1944*, 95.

52 For the full text of the "Declaration on General Security", see *China Handbook, 1937-1944*, 90-91.

53 For the full text of the "Cairo Declaration", see *China Handbook, 1937-1944*, 91.

54 See the "Memoranda by U. S. Diplomatic Officers in China", annexed in *United States Relations with China*, 564-576.

果實。

中國的武裝抗日本身就是革命的過程。透過保衛祖國和自由，中國人民的政治意識增強了，不少社會人士轉向中共的領導，因為中共在戰爭中充當抗日先鋒，在動員人民參加這場鬥爭中發揮生機勃勃的作用。當國民政府將一個個大城市和主要鐵路幹線輸給日本人的同時，他們也將農村和老百姓輸給中共。在華北和敵占區，中共成功地推動經濟、社會和政治改革。他們藉此動員和組織人民開展抗敵游擊戰爭，建立基於民眾支持的地方政府，從舊時代的封建奴役中將農民與工人解放出來，改善他們的生活條件，鼓勵他們參政。這是在中國的歷史長河中，第一次平民覺得自己真的爭取到了什麼。在人民的全力支持與積極參與下，中共有效地抵抗日本侵略者。[55]

儘管有日本和國民政府的雙重壓力，中共還是隨著武裝抵抗的推進而擴大。在沒有任何外國的援助下，自力在中國大地上成長茁壯。1937 年，中共只控制陝北約三萬平方英哩土地、一百五十萬人口。到了 1944 年夏天，他們統治三十萬平方英哩的地區、九千萬人口。同時，中共黨員從二十萬增加到一百萬，紅軍正規軍從八萬增加到近五十萬，並擁有二百二十萬民兵的支援。[56] 具有活力的中共政權代表著對國民政府日益削弱影響力的有力挑戰。儘管蔣委員長一再宣稱「共黨問題為一個政治問題，應用政治方法解決」，[57] 但他從未放鬆以武力消滅共產黨的努力。在戰爭的關鍵年代，他部署三十萬精銳國軍包圍共區，相應

55　George E. Taylor, *The Struggle for North China* (New York, 1940), 96-110.

56　White and Jacoby, *Thunder out of China*, 199.

57　*United States Relations with China*, 54.

地，約五萬共軍士兵被用來反圍剿。[58] 當國共兩軍在同一場戰爭中對抗共同的敵人，這種封鎖意味著極大的人力浪費。

美國一直關注國共兩黨之間的紛爭。在美國政府看來，國共關係的持續惡化不僅阻礙中國組織對日本的有效抵抗，而且威脅盟國之間的團結。在開羅會議期間，羅斯福總統敦促蔣委員長解決國共爭端，向蔣委員長建議，在戰爭結束前與中共組成聯合政府，並在新的、真正具有代表性的聯合政權主持下，儘快舉行全國大選。蔣委員長有條件地同意這個提議，並表示一旦得到美國的充分保證，蘇聯能同意尊重中國對東北和未來中國邊界的主權，他將組建一個包括中共在內，更民主的政府。此外，他還要求美國支持中國的立場，即英國和其他列強戰後不應在香港、廣州和上海享有治外法權。[59] 會議期間並討論了中蘇關係問題，羅斯福總統建議將大連作為一個自由港，讓蘇聯可以在遠東享有一個不凍港。蔣委員長對此表示同意，條件是蘇聯在遠東與中國合作，中國的主權不受損害。[60] 羅斯福總統將蔣委員長的建議列入德黑蘭會議議程，與史達林（Joseph Stalin）元帥討論。史達林同意東北仍然是中國領土不可分割的一部分，並認可美國支持中國抗衡英國的主張。如此，美國和中國從蘇聯得到必要的保證。為了進一步討論這些問題，羅斯福總統派赫爾利（Patrick J. Hurley）少將前往莫斯科。

蔣委員長對所謂蘇聯在東北野心的擔憂，源於對沙俄遠東政策的記憶。中共在華北穩定增長和持續占優勢，加深他對東北命

---

58 Stilwell, *The Stilwell Papers*, 325.

59 Elliot Roosevelt, *As He Saw It* (New York, 1946), 164, 249-250.

60 John Carter Vincent, "Summary Notes of Conversations Between Vice President Henry A. Wallace and President Chiang Kai-shek", June 21-24, 1944, annexed in *United States Relations with China*, 558.

運的猜測。1944 年春，羅斯福總統指派副總統華萊士（Henry A. Wallace）訪華，以鞏固抗日戰爭的力量。6 月，華萊士在中俄問題專家拉鐵摩爾（Owen Lattimore）和國務院遠東辦公室主任范宣德（John Carter Vincent）的陪同下，取道蘇聯中亞，與時任美國駐蘇聯大使哈里曼（William A. Harriman）會談，之後抵達重慶。從 6 月 21 日至 24 日，華萊士副總統與蔣委員長進行了幾次坦率長談。討論的主要議題包括：

（1）中國不利的軍事形勢；
（2）中蘇關係及其改善的必要性；
（3）國民政府與中共的關係；
（4）向共區派遣美軍情報組；
（5）在中國進行政治和經濟改革的必要性。[61]

華萊士副總統告訴蔣委員長，羅斯福總統曾表示過，如果國共兩黨無法相處，他們可以「請一位朋友」居中斡旋，並表示他可能就是那個朋友。蔣委員長認為中共與蘇聯有聯繫，並希望與克里姆林宮達成諒解。華萊士回顧他與哈里曼大使的討論，告知蔣委員長，史達林元帥也曾強調需要一個統一的中國，以便更有效地對抗日本。蔣委員長則對中共大發牢騷，要求美國對中共保持「冷淡」的態度。華萊士提及他離開華盛頓前，與馬歇爾將軍和戰爭部部長史汀生就中國局勢進行談話，試圖說服蔣委員長，美國政府對中共毫無興趣，關心的是當下戰爭的進程。蔣委員長理解美國的政策，希望以政治方式解決中共問題。華萊士則強調，中國沒有可能會出現導致與蘇聯發生衝突的形勢。對此，蔣

61 "The Report on China made by Vice President Henry A. Wallace to President Franklin D. Roosevelt", *New York Times*, January 19, 1950.

委員長說，只要不損害中國主權，他願意盡力避免這樣的衝突，中國政府會爭取儘早與蘇聯政府進行談判。而華萊士再次強調，不能指望美國成為中蘇談判的一方。蔣委員長同意，但表達希望美國能設法提供幫助。在這些對談中，華萊士的印象是蔣委員長對中共抱有如此大的成見，看來正在重慶進行的國共和平談判沒有成功的希望。他語帶諷刺地告誡說，國民政府應該避免俄國克倫斯基政府的悲劇。在會談的最後階段，蔣委員長批准派遣美軍調查團到共區收集軍事情報的計畫，最後並要求華萊士向羅斯福總統轉達如下訊息：「我政府對中俄關係之調整甚願美國從中斡旋，如能促成中俄或中俄美會議，自所希望。」[62] 在駛往機場的送別途中，蔣委員長表示歡迎羅斯福總統協助解決中共問題，雖然這屬於中國內部問題，但他不會認為這樣的參與是干涉中國內政。

華萊士副總統訪華僅限於國統區。完成使命後，他向羅斯福總統提交祕密報告，這份報告直到 1950 年 1 月 19 日才被公開。華萊士發現在國統區，「經濟凋敝和領導的萎靡不振，導致了身體的和精神的貧血」。大多數人不喜歡國民黨政府，但都對最終戰勝日本充滿信心。「蔣介石具有東方軍事頭腦，他看到自己的權威受到兩方面的威脅：一是他不理解的經濟惡化；二是以他根本不相信的共產主義為象徵的社會動盪。可是這二者他都不能通過軍事命令來控制，由地主和銀行家支持的那個不開明政府正使他和中國陷入深淵，他希望外國盟友的援助能將他從困境中拖出來。」華萊士堅持認為，雖然暫時看來，除了支持蔣介石委員長，此外別無選擇，但美國對華政策「應該足夠靈活，如果任何

62 Vincent, "Summary Notes of Conversations Between Vice President Henry A. Wallace and President Chiang Kai-shek", June 21-24, 1944, annexed in *United States Relations with China*, 549-559.

領導人或團體，有可能走上舞臺提供更好的承諾，就應該利用他們」。他建議美國鼓勵那些足夠瞭解中國與當代西方世界的進步人士，組成新的聯盟來繼續抗戰與滿足國內的需求。華萊士預言，蔣委員長不具備統治戰後中國的智慧或政治實力。「戰後中國領導人的到來，或是透過漸進，或是透過革命，現在看來更有可能是後者。」[63]

1944 年 7 月 14 日，為了回應蔣介石委員長的呼籲，羅斯福總統傳達了以下訊息：

> 關於目前正在進行與中國共產黨之談判，保證只用政治方法求一解決。華萊士君向余表示閣下欲在中蘇間建立更為良好之關係，余亦歡迎。對於閣下建議由余居間設法促成中蘇代表會議，余正在切實籌思。余覺如在此會議以前，中國政府能與中國共產黨商定一在華北與日本有效作戰之實施辦法，則便於此會議之進行者甚大。[64]

1941 年 1 月「皖南事變」後，國共關係陷入僵局，不過雙方代表仍有零星的談判。1944 年 5 月至 9 月，在毛澤東的倡議下，進行一系列更全面的討論，先在西安，後在重慶。國民政府的代表是當時的軍事委員會政治部部長張治中將軍和中央宣傳部部長王世杰博士。共產黨的代表是中央委員會資深委員林祖涵先生〔Lin Tzu-han，即林伯渠〕。在談判過程中，中共向國民黨提出了以下懸而未決的問題：

---

63 "The Report on China made by Vice President Henry A. Wallace to President Franklin D. Roosevelt".

64 *United States Relations with China*, 560.

（1）國民政府應該貫徹「三民主義」和「抗戰建國綱領」，立即給人民以公民權利，如言論、集會、結社、身體自由的保障等。

（2）國民政府應給中共以公開合法的地位，釋放政治犯。作為回報，共產黨應允許國民黨在共區開展活動。

（3）國民政府應解除對中共的軍事和經濟封鎖。華北抗日根據地的民選地方政府在戰後應予保留並調整。

（4）同盟國供應的武器、彈藥和藥品，應按同等比例分配給中國的作戰部隊。中共第十八集團軍和新四軍應該得到相應的分額。[65]

因為國民政府自私的態度與反動的政策，這些討論最終並不成功，也沒有結果。然而，正是在這些談判中，國共兩黨在解決爭端時首次提出了「聯合政府」的建議。1944 年 9 月 15 日，林祖涵在給國民參政會的報告中說：「用什麼方法來團結全國力量，發動全國力量呢？我們認為應該在抗戰中實行民主政治，只有民主政治才能團結全國一切力量，動員全國一切力量，以拯救我們民族國家的災難。」他還宣稱中共希望「由國民政府召集各黨各派，各抗日部隊，各地方政府，各人民團體的代表，開國事會議，組織各抗日黨派聯合政府。」[66]

國共內戰削弱中國的武裝抗日。國民政府全力遏制中共以維護自己的權力，已失去與日本作戰的意志。1944 年，國民政府在各條戰線上連連敗北，暴露自己的弱點。日本侵略者占領了河

---

65 See the "Reports by the Representatives of the Nationalist Government and the Communist Party to the People's Political Council, September 15, 1944", annexed in *United States Relations with China*, 531-548.

66 *United States Relations with China*, 544-548.

南、湖北、湖南、江西、浙江、廣西等省的大部分地區，打通了從東北到印度支那的「大陸交通線」，並深入到可直通重慶的貴州。國民黨高級將官中公開的、前所未有的腐敗，已經摧毀了戰鬥部隊的士氣，失去鬥志、處於半饑餓狀態的國軍無法對敵人進行有效的抵抗。

日益逼近的國民政府軍事力量的崩潰，給華盛頓敲響警鐘。1944 年 7 月 7 日，羅斯福總統致函蔣介石委員長，內容如下：「余認為須迅採緊急之措置，鑒於現狀之危急，余意應責任一人，授以調節盟軍在華資力之全權，並包括共產軍在內……余正將史迪威晉升上將，並建議閣下將彼自緬召回，置彼於閣下直屬之下，以統率全部華軍及美軍，並予以全部責任與權力，以調節與指揮作戰，用以抵抗敵人之進佔……」[67] 蔣委員長不情願地同意這個提議，但卻推遲行動。8 月 18 日，羅斯福總統指定赫爾利將軍作為總統私人代表訪華，以緩解蔣委員長與史迪威將軍之間的關係，並派遣戰時生產局局長唐納德·納爾遜（Donald Nelson）到訪中國，研究中國的經濟需求。

8 月 23 日，羅斯福總統再次敦促蔣委員長讓史迪威將軍指揮所有中國軍隊。8 月 30 日，美國大使高斯（Clarence E. Gauss）應蔣委員長之邀會見。蔣委員長告訴高斯，引進外國指揮官指揮中國軍隊，並不能解決中共問題。高斯用與華萊士副總統相同的語氣強調，美國政府對中共不感興趣，但迫切希望看到中國內戰的及時解決，因為內戰使得中國軍隊彼此為敵，而不是對抗日本人。[68] 然而，蔣委員長不會讓美國將軍指揮和裝備共軍。這些爭

67　*United States Relations with China*, 66.

68　*United States Relations with China*, 62.

執堆積形成了「史迪威危機」。

史迪威將軍和高斯大使兩人都對國民政府非常不滿，並持批判態度。蔣介石委員長與史迪威將軍的關係一直不融洽，在1944年夏天變得越來越糟。在蔣委員長看來，史迪威將軍堅持調用共軍，終止國軍的圍剿，是一個會導致政府垮臺的計畫。在史迪威將軍看來，蔣委員長只關心維護政治權威，不懂得什麼是真正的民主，為了一黨專政而寧願放棄國家統一。9月6日，赫爾利將軍和納爾遜局長抵達重慶。他們向蔣委員長保證，美國將向中國提供更多援助，並敦促他與美國的計畫保持一致。由於蔣委員長迫切需要美國的援助和支持，他終於在9月12日同意任命史迪威將軍為中國陸軍總司令，並給予他「充分的信任」。[69] 就在此時，中國的軍事危機達到了頂峰。史迪威將軍向蔣委員長提交一份全面的備忘錄，要求全面重組中國軍隊。9月19日，當蔣委員長正在琢磨這份備忘錄的時候，羅斯福總統發來一封信，並由史迪威將軍親自遞送。[70] 電文內容雖然沒有公開，但據說措辭嚴厲，要求蔣委員長立即採取大刀闊斧的措施以應對軍事危機，「除非閣下立即積極行動……不免有來不及之嘆」。[71] 在這種壓力下，蔣委員長勃然大怒，要求撤換史迪威將軍。儘管蔣委員長堅持要罷免史迪威將軍，在華盛頓，馬歇爾將軍多次試圖說服羅斯福總統應該將史迪威將軍留在中國，並有力地爭辯說史迪威將軍是唯一改善了中國軍事組織的美國軍官。[72] 然而，面對

69 Stilwell, *The Stillwell Papers*, 328.

70 White and Jacoby, *Thunder Out of China*, 219-221.

71 Stilwell, *The Stillwell Papers*, 333.〔編註：當時未公開的電文，現今已公開，見國史館藏《蔣中正總統文物》，典藏號：002-020300-00024-056。〕

72 Fleet Admiral William D. Leahy, *I Was There* (New York, 1950), 271-272.

選擇史迪威將軍還是蔣委員長，或者說，在選擇中共，還是把國民政府留在對日戰爭當中，羅斯福總統屈服於蔣委員長的要求。10月19日，馬歇爾將軍通知史迪威將軍，他在中國的指揮職務已被解除。

在9月26日給馬歇爾將軍的報告中，史迪威將軍寫道：

> 蔣介石無意進一步推進戰爭。任何催促他採取這種行動的人都將被阻止或淘汰……蔣介石認為，只要他用得不到支持就撂挑子的老套話，他可以繼續從美國搾取金錢和軍火。他認為太平洋戰爭即將結束，使用拖延戰術，他可以將全部負擔甩給我們。他無意建立任何真正的民主政權，或與中共結成統一戰線。他本人就是中國統一和合作抗日努力的主要障礙……我相信他只會繼續他的政策和繼續拖延，同時爭取貸款和戰後援助，用以維持他目前的地位，維持基於一黨的政府，維持其反動的政策，或在他的蓋世太保積極幫助下鎮壓民主思想。[73]

隨著史迪威將軍的召回，美國政府改變了利用美援促使國民政府改革的政策，撤回了武裝共軍並參戰的提議。美國沒有堅持重組中國軍隊和充分動員中國的潛在力量，而是透過支持蔣介石委員長的一黨政府來滿足蔣委員長的要求。盟軍在東南亞的軍事機構重新調整，中緬印戰區分裂。從此，中國和緬印成為盟軍戰略中兩個獨立的戰區，中國軍隊不會再有美國總司令。10月22日，史迪威將軍離開重慶前往美國。一星期後，高斯大使辭職，

73　*United States Relations with China*, 68.

魏德邁少將（Albert C. Wedemeyer）被任命為駐華美軍司令，同時兼任蔣委員長的參謀長。11 月 30 日，赫爾利將軍被任命為駐華大使。他在重慶任職期間，美國更加深入地捲入中國的內戰。

第 3 章　赫爾利的斡旋與重慶會談

在共同對抗軸心國的戰爭中，美國作為中國的盟友也更加深入地捲入了中國內戰。美國的邏輯似乎是這樣的：國共衝突不僅削弱了中國的抗戰努力，而且不可避免地會導致中蘇之間的衝突，美國也可能會被捲入其中。美國政府贊成以政治方式解決中國內部爭端，但如果國共兩黨不能靠自身力量解決問題，美國就將站在國民政府這一邊，打擊共產黨。

在辭去駐華職務前，美國駐華大使高斯曾告訴蔣介石委員長，應該努力解決國共之間的互不信任，只要讓其他政黨團體的代表共同承擔執政責任，就有可能找到解決辦法。此外，他還提出了一個「聯合委員會」的想法來致力於中國的統一。[1] 1944 年 9 月 9 日，國務卿赫爾指示高斯大使，要讓蔣委員長留下一個深刻的印象，即羅斯福總統與他的建議是及時、實用且值得認真考慮的。赫爾強調：

> 我們並不在乎中共或其他持不同政見分子，我們是以世界各國、我國，以及中國的名義，急切地希望看到中國人民能在一個強大、寬容、有代表性的政府領導下，自主地開發和使用他們掌握的精神和物質資源，堅持抗戰，實行持久的民主和平。為了實現這一目標，黨派分歧可以，而且應該通過明智的合作與調解來解決。我們相信，實現這一目標的最有效

1　See "Ambassador Gauss' Report to Secretary of State Hull", annexed in *United States Relations with China*, 561-563.

方法，是建立一個委員會，或類似的機構，以代表中國所有有影響力的組成分子，在蔣介石的領導之下擁有全權。[2]

上述這段文字，就成了二戰後期美國對華政策的指導原則。在「史迪威危機」期間，美國政府按照這些新思路處理中國問題。它改變了史迪威將軍和高斯大使所宣導的，向蔣委員長施壓與中共合作、實現中國民族統一的政策，改變為提供援助，聽任蔣委員長予取予求，雖然在理論上還照舊呼籲包容中共的包容性治理。赫爾利大使抵達重慶後，立即向蔣委員長保證，美國政府將給他本人直接的支持。[3] 赫爾利在被任命為大使、履行職責期間，他清晰地理解美國對華政策就是為了避免國民政府垮臺，維持蔣委員長作為國家和軍隊的領袖，並統一中國所有的軍事力量，以開展有效的抗日戰爭。[4]

赫爾利大使試圖另闢蹊徑打破國共僵局，徵求蘇聯出面幫助解決中國的內部爭端。在訪華途中，赫爾利和納爾遜局長一起在莫斯科與蘇聯外長莫洛托夫（Vyacheslaff M. Molotov）討論中國形勢。莫洛托夫說，蘇聯政府一直被不公正地指責要對中國最近發生的各種事件負責，但實際上它對中國的內亂不應承擔任何責任。莫洛托夫強調蘇聯不支持中共，並明確表示，除非蔣委員長試圖透過改變政策來改善中俄關係，否則蘇聯不會對中國內政產生任何興趣。[5] 當赫爾利再次追問這個話題時，莫洛托夫重申

---

2 See "Secretary of State Hull's message to Ambassador Gauss", annexed in *United States Relations with China*, 563-564.

3 White and Jacoby, *Thunder Out of China*, 219.

4 *United States Relations with China*, 71.

5 *United States Relations with China*, 71-72.

了他的說法，說服赫爾利相信蘇聯與中共沒有關聯，並希望與中國建立更友好的關係，不希望看到中國因內部紛爭或內戰而分裂。[6] 赫爾利大使也把這些印象轉達給蔣委員長。[7]

在蘇聯保證沒有介入中國的內亂後，赫爾利開始意識到國共之爭是中國的國內問題，並與有關方面接觸尋求解決爭端的政治途徑。在重慶與國共代表初步商談後，赫爾利於 1944 年 11 月 7 日飛往延安會見毛澤東。11 月 10 日，中共和美國特使擬定了五點協議草案，題為〈中國國民政府、中國國民黨與中國共產黨協定〉，作為進一步與國民黨談判的基礎。五點建議是：

（1）中國政府、中國國民黨和中國共產黨一致合作，以期統一中國所有軍隊，迅速擊潰日本，並建設中國。

（2）改組現在之國民政府為聯合國民政府，包括所有抗日政黨代表，及無黨派之政治團體代表，立即宣布一新民主政策，規定軍事、政治、經濟及文化事業之改革，並使其發生實效，軍事委員會應同時改組為聯合國民軍事委員會，由所有抗日軍隊之代表組成之。

（3）聯合國民政府擁護孫總理之主義，建立一民治、民有、民享政府，實施各項政策，以資促成進步及民主，樹立正義及信仰自由、出版自由、言論自由、集會結社自由，向政府訴願權、保障身體自由權、居住權，並使無所恐懼之自由，不虞匱乏之自由，兩種權利，實行有效。

（4）聯合國民政府及聯合軍事委員會，承認所有抗日軍隊，

6　*United States Relations with China*, 73.

7　*United States Relations with China*, 73.

此項軍隊，應遵守並執行其命令，自外國取得之供應品，應公平分配之。

（5）聯合國民政府承認中國國民黨、中國共產黨，及一切抗日團體之合法地位。[8]

這份具有歷史意義的文件由毛澤東作為中共中央執行委員會主席簽署，並由赫爾利大使作為見證人連署。儘管美國特使指出他不能代表國民政府發言，但他贊同這份文件作為解決國共衝突的具體方案，並承諾會敦促蔣委員長接受。[9] 為了與國民政府討論這些問題，中共派遣周恩來將軍與赫爾利大使一同去重慶。

五點協議草案體現了共產黨對組建真正的聯合政府，與其他抗日政黨合作，堅持抗日和重建中國的意願。但蔣介石委員長囿於一黨專政的執念，斷然拒絕這些建議。國民政府反而提出三點協議草案，宣布承認中共為合法政黨，並指定部分中共將領為軍事委員會委員，條件是這些將領必須放棄他們的軍事指揮權。[10] 國民黨的三點草案迴避建立聯合政府的問題，在要求中共解除武裝的同時，並沒有為保護中共和其他民主黨派的利益提供任何有效的方法。周恩來將軍對國民政府的態度深感失望。12 月初，他將這些反對意見帶回延安後，給赫爾利大使寫信表示，在中共的五點協議和國民政府的三點反協議之間，看不到任何根本的共同基礎。[11] 中共呼籲公布五點協議，讓人民瞭解談判僵局的癥結，並促使國民政府改變態度。

---

8 *United States Relations with China*, 74-75.

9 White and Jacoby, *Thunder out of China*, 254.

10 *United States Relations with China*, 75

11 *United States Relations with China*, 76.

赫爾利大使努力說服蔣委員長放寬國民政府的反提案，為了統一中國的軍事力量和避免內戰，對中共做出一些政治讓步，並在政府中給予他們足夠的代表權，是明智且必要的。同時，也致信周恩來將軍，在他的理解中，中共的五點協議和國民政府的三點反協議都不是最終的定論，討論和商榷的可能仍然存在，如果談判的大門就此關閉，那將會是一場悲劇。中共指責國民政府在談判中沒有足夠的誠意，其中的根本問題是國民黨不願放棄一黨專政，不願接受中共關於建立真正聯合政府的建議。為了再給國民政府一次展示實現國家統一與民主誠意的機會，要求赫爾利大使向國民黨當局轉達以下四項附加要求：

（1）釋放政治犯；
（2）撤銷對邊區的包圍和對華中、華南抗日武裝的進攻；
（3）取消限制人民自由的各種禁令；
（4）停止特務活動。[12]

赫爾利大使認為向國民政府遞交這些額外的要求是不合時宜的。他勸說中共先與國民黨在政治上達成一個總體協議，然後再討論具體的細節問題。1945 年 1 月 11 日毛澤東提議：在重慶召開國是會議預備會議，此種預備會議應有國民黨、共產黨、民主同盟三方代表參加，並保證會議公開舉行，各黨派有平等地位及往返自由。[13] 在蔣委員長知情並批准的情形下，赫爾利大使回答說國民政府正在考慮改變其態度。中共也回應了赫爾利大使的懇切要求，派出周恩來將軍重啟與國民黨的談判。[14]

1 月 24 日，周恩來將軍抵達重慶，開啟一系列的會談，國民

12　*United States Relations with China*, 77.

13　*United States Relations with China*, 78.

14　*United States Relations with China*, 78.

政府代表是宋子文、王世杰和張治中。應國共雙方邀請，赫爾利大使作為調解人出席。國民政府代表除了先前的三點草案外，還提出數項收編共軍的措施。然而，周恩來將軍說，國民政府代表還沒有徹底瞭解中共的基本立場，中共不會放棄自己的軍隊來換取幾個裝飾門面的政府席位。他明確表示，當中共和赫爾利大使起草最初的五點建議時，他和毛澤東曾表示，中共準備將軍隊的指揮權移交給代表所有抗日政黨的真正聯合政權，但不會交給國民黨的一黨政府。至於軍隊整編，周恩來將軍要求在擬議的聯合政權建立後，不僅僅是共軍，而是整個中國的軍事結構都應該重新改組。[15] 赫爾利大使和國民政府代表向蔣委員長轉達，但蔣委員長拒絕聯合政府的提議，並表示中共的真正目的是控制中國，建立類似於蘇俄的一黨統治。面對蔣委員長的固執，赫爾利大使提醒他，實現收編共軍的寶貴時間正在流失。2 月 4 日，赫爾利大使坦率地告訴蔣委員長，迄今為止，五點草案是中共同意向國民政府提交軍隊指揮權的唯一一份簽署文件，只有在這份文件的基礎上，他才可以與中共合作。[16] 由於國民政府缺乏誠意，這些談判沒有給中國內部局勢帶來任何改變。然而，在討論過程中，國民政府建議邀請國、共、其他政治團體，以及無黨派社會賢達召開政治協商會議。2 月 16 日，周恩來將軍回到延安。三天後，赫爾利大使離開重慶赴美磋商。

在這個階段，美國對華政策加強了對國民黨反動派的援助，從而摧毀了建立聯合政權的前景。赫爾利大使在向華盛頓提交關於國共談判的報告中明確表示：「我相信我國政府支持中國國民

---

15 *United States Relations with China*, 79-80.

16 *United States Relations with China*, 81.

政府和蔣委員長領導的決定是正確的。凡我認為會削弱國民政府或蔣委員長領導的原則或方法，我都不曾予以支持……」[17] 雖然赫爾利大使曾極力勸說蔣委員長在五點草案的基礎上與共產黨談判，但他的根本態度事實上使斡旋的努力付諸東流。自從史迪威將軍被撤職後，蔣介石委員長確信美國會按照他自己的意願支持他。新任美軍駐華總司令魏德邁是一名無黨無派的軍人，曾在德國接受部分軍事訓練，也持反共立場。[18] 他對政治談判興趣不大，而是集中精力為國民政府建立新的軍事力量。在他的指導下，美國為國民政府裝備了一支空軍和三十九個機械化師的陸軍。[19] 因此毛澤東認為某些美國將軍在中國扮演的角色與斯考比（Scobie）在希臘扮演的角色相同——支持反動派遏制革命力量。在中共看來，赫爾利大使和魏德邁將軍都非常配合蔣委員長。這樣的情況使得蔣委員長不願做出任何真誠的努力，來使政府民主化或與中共結盟。

1946 年 3 月 1 日，蔣委員長發表公開聲明，概述解決國共衝突的步驟，無視中共關於聯合政權的建議，宣布國民政府準備在當年的 11 月 12 日召集國民大會，成立憲政政府。

周恩來將軍在 3 月 12 日的信中通知當時在華盛頓的赫爾利大使，中共於 3 月 9 日向國民政府提出了以下兩點意見：

（1）中共曾計畫草擬一份對國民政府召開政治諮詢會議草案的答覆。但蔣委員長 3 月 1 日的公開演說，國民政府不能同意與各黨各派和無黨無派人士合組聯合政府的主張，而是要通過所謂的國民大會來美化其一黨統治。國民政府的態

17 *United States Relations with China*, 82.

18 Epstein, *The Unfinished Revolution in China*, 355-356.

19 *United States Relations with China*, 312.

度使中共「無再具覆案之必要矣」。

（2）關於 4 月間之金山會議，如欲使中國代表團真能代表全國人民的公意，則代表團的人選必須包括國、共、民盟三方面的代表。

此外，周恩來將軍還請赫爾利大使將這兩點轉告羅斯福總統。[20] 羅斯福總統隨後向蔣委員長建議，聯合國會議中國代表團中應有中共代表參加，於是國民政府任命中共中央委員董必武為參加金山會議的代表之一。

赫爾利大使認為，除非蘇聯明白確定其對華態度，否則國共衝突無法解決。在美國經過多次諮詢，赫爾利大使獲得羅斯福總統授權與英、蘇兩國政府討論美國對華政策。飛回重慶的途中，他在倫敦、莫斯科停留。4 月 15 日，他在莫斯科與史達林元帥和外長莫洛托夫會面，美國駐莫斯科大使哈里曼也到場。赫爾利大使引述了先前與莫洛托夫討論時，蘇聯對中國內部衝突的態度，並向史達林分析國共之間的僵局。他表示，美國對華政策是支持蔣委員長領導的國民政府，協助中國實現建立一個自由、統一、民主國家的願望，並團結所有軍隊打敗日本。史達林也表示贊同，並將與美、英合作，實現中國軍事力量的統一。赫爾利大使對史達林的合作態度非常樂觀，但哈里曼大使和其他國務院官員卻持不同觀點。他們認為史達林贊同美國對華政策，並不意味著蘇聯在遠東會採取與美國相同的行動。那時，歐洲戰區正接近尾聲，人們預期在納粹德國垮臺後，蘇聯軍隊會分流來對日作戰。他們以邏輯推理，如果蘇聯進入遠東衝突之時中國仍處於內亂分裂的狀態，那麼，蘇聯到底是與國民政府結盟還是和中共結盟，

---

20 *United States Relations with China*, 84-86.

那將是關係到未來在亞洲地位的重要考量。蘇聯可能會重新審視自己的立場，並施行最符合本國利益的政策。4 月 23 日，國務卿愛德華・斯退丁紐斯（Edward Stettinius）指示赫爾利大使將這些意見轉達給蔣委員長，並要求他儘快解決國共衝突，不僅是為了當前有效地抗日，也是為維持中蘇友好關係奠定基礎。[21]

在美國駐重慶大使館的職員中，有一些職業外交官對中國的情況比較清楚。他們同意史迪威將軍和高斯大使的看法，即美國的援助應該是有條件的。他們向國務院彙報，國民政府正在瓦解，而中共已成為最活躍的力量，不可避免地將贏得對中國的控制。蔣委員長不會讓中共合法化，不會建立聯合政權，因為他擔心這些民主進程會導致他不得人心的腐朽政府垮臺。另一方面，如果沒有一個真正的聯合政權來適當地代表中共和其他政黨，中共也不會交出軍隊的指揮權。這些報告中說，如果這種僵局導致內戰，國民政府肯定會被中共推翻。儘管國民政府有幸得到外國列強（主要是美國）的支持，但物質援助無法拯救其肌體的羸弱。他們建議，美國政府應盡力避免中國內戰的災難，而最好的辦法是鼓勵國民政府的改革和振興，如此國民黨方有可能倖存而成為聯合政府中的一支重要力量。如果這些努力無法成功，美國政府應該限縮與國民政府的接觸，轉而贏得中共的友誼，因為中共是註定要控制中國的力量。[22] 在赫爾利大使離開重慶期間，駐華代辦艾其森（George Atcheson）要求美國政府向中共提供軍事裝備。[23] 赫爾利大使強烈反對這一建議，堅持支持蔣委員長的政

21 *United States Relations with China*, 94-98.

22 See the "Memoranda by U.S. Diplomatic Officers in China", annexed in *United States Relations with China*, 564-576.

23 *United States Relations with China*, 87-92.

策，駐華大使館所有不利於國民政府的報告他都不予批准，還把那些職業外交官列為共產主義的同情者，指責他們破壞美國對華政策，並要求將他們召回。[24]

1945 年夏天，一些無黨派民主人士和國民參政會的少數黨成員試圖打破國共之間的僵局。5 月召開的國民黨六中全會確認了蔣委員長於 11 月 12 日召開國民大會的呼籲，但重申打算透過談判尋求與中共的政治解決。經國民政府批准，國民參政會指定七人委員會，包括無黨派社會賢達冷遹、政治家傅斯年、教育家黃炎培和第三黨黨員章伯鈞，到延安與中共商討中國統一事宜。[25] 委員會成員於 7 月 1 日飛往延安，經過四天非正式談判，他們將新的中共提案帶回重慶。中共要求，在現有情況下，國民政府必須推遲原定於 11 月 12 日召開那一黨控制的、欺騙性的國民大會，國民政府應該召開一個由國、共、民盟，以及其他獨立政黨團體平等組成的政治會議，以解決中國內政問題。[26]

當國共談判還處於膠著狀態，遠東的國際形勢卻發生了驚人的變化。7 月 26 日，在波茨坦會議期間，杜魯門總統（Harry S. Truman）和邱吉爾首相於史達林元帥在場，[27] 並徵得蔣委員長完全同意的情況下，發表聯合聲明——《波茨坦宣言》——呼籲日本無條件投降，不然就將面臨迅速徹底的毀滅。[28] 8 月 6 日，美國陸軍航空隊在廣島投下第一顆原子彈。8 月 8 日，蘇聯對日宣戰，強勢進入東北。8 月 14 日，日本接受了盟國的和平條款。

---

24 White and Jacoby, *Thunder Out of China*, 247-250.

25 Hwang Yen-pei, *Returned from Yenan* (Chungking, 1945), 3-5.

26 *United States Relations with China*, 105.

27 Frederick L. Schuman, *Soviet Politics at Home and Abroad* (New York, 1948), 564-565.

28 U.S. State Department, *Bulletin*.

然而，勝利降臨在一個分裂的中國之上。抗戰勝利的消息一傳出，國共雙方隨即就日占區的控制權展開較量。國民政府沒有實力，也完全沒有準備好去接管淪陷的領土和解除日軍的武裝，國軍新式美械師還被部署在偏遠的西南各省。另一方面，共軍控制了華北、華中和沿海地區的農村。他們的游擊隊就駐紮在通往平津與京滬的要衝。共軍總司令朱德命令他的士兵根據《波茨坦宣言》解除日軍的武裝，並接受他們的投降。與此同時，共軍越過內蒙古進入東北，解放民眾，並與突進的蘇軍聯手殲滅日本「關東軍」。[29] 在此關鍵時刻，美國公開地偏向國民政府。盟軍最高統帥麥克阿瑟將軍（Douglas MacArthur）指定蔣委員長為在關內接受日軍投降的唯一代理人。魏德邁將軍調動了美國第十、第十四航空隊的所有飛機來運送國軍。因此，國軍得以開進京滬地區和其他主要城市。此外，美國還在中共的大本營華北地區部署了五萬多名海軍陸戰隊，幫助國民政府控制了平、津以及該區重要的鐵路和煤礦。在最高峰時，美國在華部署陸軍、海軍和海軍陸戰隊共約十一萬三千名。儘管對日戰爭結束，美國仍繼續提供足夠的軍事物資，以完成為蔣委員長裝備八個空軍大隊和三十九個機械化師的計畫。此外，美國還向國軍輸運了大量車輛和軍需用品，以提高他們在華北和東北的作戰效率。[30]

戰場上的武力較量，與會議桌上的和平談判同時推進。蔣介石委員長發出三封電報邀請毛澤東訪問重慶，直接談判。赫爾利大使也前往延安勸說毛澤東接受邀請。毛澤東雖然深知蔣委員長的真實人格，但還是冒著生命危險，在赫爾利大使陪同下，

29 White and Jacoby, *Thunder Out of China*, 279-286.

30 *United States Relations with China*, 312.

於 8 月 28 日來到陪都重慶，逗留六個星期，並有詳盡的談判，國民政府代表是張羣、邵力子、張治中、王世杰，中共代表是周恩來、王若飛。中共提出了一份十一條的綜合備忘錄作為討論基礎，國民政府則以書面批註的方式逐條答覆。[31] 10 月 11 日，就在毛澤東返回延安之前，國共雙方向公眾發表聯合聲明，總結他們的協議：

（1）關於和平建國的基本方針

一致認為中國抗日戰爭業已勝利結束，和平建國的新階段，即將開始，必須共同努力，以和平、民主、團結、統一為基礎，並在蔣主席領導之下，長期合作，堅決避免內戰，建設獨立、自由和富強的新中國，澈底實行三民主義。雙方又同認蔣主席所倡導之政治民主化、軍隊國家化及黨派平等合法，為達到和平建國必由之途徑。

（2）關於政治民主化問題

一致認為應迅速結束訓政，實施憲政，並應先採必要步驟，由國民政府召開政治協商會議，邀集各黨派代表及社會賢達，協商國是，討論和平建國方案及召開國民大會各項問題。現雙方正與各方洽商政治協商會議名額、組織及其職權等項問題，雙方同意一俟洽商完畢，政治協商會議即應迅速召開。

（3）關於國民大會問題

中共方面提出重選國民大會代表，延緩國民大會召開日期及

31 See Chou En-lai's report before the Political Consultation Conference, compiled in *Political Consultative Conference* (Shanghai, 1946), 63.

修改國民大會組織法，選舉法和五五憲法草案等三項主張。政府方面表示：國民大會已選出之代表，應為有效，其名額可使之合理的增加和合法的解決，五五憲法草案原曾發動各界研討，貢獻修改意見。因此雙方未能成立協議。但中共方面聲明：中共不願見因此項問題之爭論而破裂團結。同時雙方均同意將此問題提交政治協商會議解決。

（4）關於人民自由問題

一致認為政府應保證人民享受一切民主國家人民在平時應享受身體、信仰、言論、出版、集會、結社之自由，現行法令當依此原則，分別予以廢止或修正。

（5）關於黨派合法問題

中共方面提出政府應承認國民黨、共產黨及一切黨派的平等合法地位。政府方面表示：各黨派在法律之前平等，本為憲政常軌，今可即行承認。

（6）關於特務機關問題

雙方同意政府應嚴禁司法和警察以外機關有拘捕、審訊和處罰人民之權。

（7）關於釋放政治犯問題

中共方面提出除漢奸以外之政治犯，政府應一律釋放。政府方面表示：政府準備自動辦理，中共可將應釋放之人提出名單。

（8）關於地方自治問題

雙方同意各地應積極推行地方自治，實行由下而上的普選，惟政府希望不以此影響國民大會之召開。

（9）關於軍隊國家化問題

中共方面提出政府應公平合理地整編全國軍隊，確定分期實施計畫，並重劃軍區，確定徵補制度，以謀軍令之統一。在此計畫下，中共願將其所領導的抗日軍隊由現有數目縮編至二十四個師，至少二十個師的數目，並表示可迅速將其所領導而散布在廣東、浙江、蘇南、皖南、皖中、湖南、湖北、河南（豫北不在內）八個地區的抗日軍隊著手復員，並從上述地區逐步撤退應整編的部隊至隴海路以北及蘇北、皖北的解放區集中。政府方面表示，全國整編計畫正在進行，此次提出商談之各項問題，果能全盤解決，則中共所領導的抗日軍隊縮編至二十個師的數目可以考慮。關於駐地問題，可由中共方面提出方案，討論決定。中共方面提出中共及地方軍事人員應參加軍事委員會及其各部的工作，政府應保障人事制度，任用原部隊人員為整編後的部隊的各級官佐，編餘官佐應實行分區訓練，設立公平合理的補給制度，並確定政治教育計畫。政府方面表示：所提各項，均無問題，亦願商談詳細辦法。中共方面提出解放區民兵應一律編為地方自衛隊。政府方面表示：只能視地方情勢有必要與可能時，酌量編置。為具體計劃本項所述各問題起見，雙方同意組織三人小組（軍令部、軍政部及第十八集團軍各派一人）進行之。

（10）關於解放區地方政府問題

中共方面提出政府應承認解放區各級民選政府的合法地位。政府方面表示：解放區名詞自日本投降以後，應成為過去，全國政令必須統一。中共方面開始提出的方案為：依照現有十八個解放區的情形，重劃省區和行政區，並即以原由民選之各級地方政府名單呈請中央加委，以謀政令之統一。政府方面表示：依據蔣主席曾向毛先生表示：在全國軍令政令統一以後，中央可考慮中共推薦之行政人選。收復區內原任抗戰行政工作人員，政府可依其工作能力與成績，酌量使其繼續為地方服務，不因黨派關係而有所差別。於是中共方面提出第二種解決方案，請中央於陝甘寧邊區及熱河、察哈爾、河北、山東、山西五省委任中共推選之人員為省府主席及委員，於綏遠、河南、江蘇、安徽、湖北、廣東六省委任中共推選之人為省府副主席及委員（因以上十一省或有廣大解放區或有部分解放區），於北平、天津、青島、上海四特別市委任中共推選之人為副市長，於東北各省容許中共推選之人參加行政。此事討論多次，後中共方面對上述提議有所修改，請委省府主席及委員者改為陝甘寧邊區及熱、察、冀、魯四省，請委省府副主席及委員者，改為晉、綏兩省，請委副市長者改為平、津、青島三特別市。政府方面對此表示：中共對於其抗戰卓著勤勞且在政治上具有能力之同志，可提請政府決定任用，倘要由中共推薦某某省主席及委員、某某省副主席等，則即非真誠做到軍令政令之統一。於是中共方面表示可放棄第二種主張，改提第三種解決方案：由解放區各級民選政府重新舉行人民普選，在政治協商會議派員監督之下，歡迎各黨派各界人士還鄉參加選舉。凡一縣有過半數區鄉已實行民選者，即舉行縣級民選，凡一省或一行政區有過半數縣已實行民選者，即舉行省級或行政區民選，選出之省、區、縣級政府，一律呈請中央加委，以謀政令之統一。政府方面表示：此種省區加委方式，乃非謀政令之統一，惟縣級民選可以考慮，省級民選須待憲法頒布、省的地位確定以後方可實施。目前只能由中央任命之省政府前往各地接管行政，俾即恢復常態。至此，中共方面提出第四種解決方案：各解放區暫維持現狀不變，留待憲法規定民選省級政府實施後再行解決，而目前則規定臨時辦法，以保證和平秩序之恢復。同時中共方面認為可將此項問題提交政治協商會議解決。政府方面則以政令統一必須提前實現，此項問題久懸不決，慮為和平建設之障礙，仍亟盼能商得具體解決方案。中共方面亦同意繼續商談。

（11）關於奸偽問題

中共方面提出嚴懲漢奸，解散偽軍。政府方面表示：此在原則上自無問題，惟懲治漢奸要依法律行之，解散偽軍，亦須妥慎辦理，以免影響當地安寧。

（12）關於受降問題

中共方面提出重劃受降地區，參加受降工作。政府方面表示：參加受降工作，在已接受中央命令之後，自可考慮。[32]

蔣委員長和毛澤東的會面是由赫爾利大使促成的。然而在談判過程中，赫爾利大使卻返回華盛頓述職。國共達成的協議，為解決中國內戰提供了抽象的原則。具有重要意義的是，中共在聯合聲明中同意承認蔣委員長在和平建國中的領導地位，並承諾為全面貫徹孫中山先生的三民主義而努力。除卻解放區地方政府問題提交政治協商會議處理以外，兩黨在大部分問題上達成一致。但國民黨當局並沒有言出必行的誠意，因為當時的國民政府得到美國的全力支持，還與蘇聯締結《中蘇友好同盟條約》。蔣委員長本質上是一個篤信獨裁的軍人，他認為只要他的軍隊能夠控制局勢，就沒有理由在政治上向中共讓步。毛澤東離開重慶後，周恩來將軍和王若飛代表中共繼續與國民黨當局進行具體討論。到

32 Chinese Ministry of Information, *China Handbook, 1937-1945*, 738-740.

10 月底，中共發言人王炳南通知美國駐重慶大使館，最近的談判沒有取得任何進展，國民政府正在利用和談換取時間，以實現對共產黨占主導地區的軍事控制。[33] 美國陸軍航空隊和海軍正大規模地將國軍運送到華北和東北，海軍陸戰隊則為國民政府控制平津地區，中共對美國的積極干預越來越反感。

由赫爾利大使和魏德邁將軍執行的美國政策，是從美國的利益出發，支持國民政府，保持國民政府對中國的控制。儘管事實上赫爾利大使將國共代表召集在一起，為和平談判的進行發揮了重要作用，但他的調解努力卻得到負面的評價。11 月 26 日，赫爾利辭去駐華大使職務。在給杜魯門總統的辭職信中，他指責美國駐重慶大使館以及國務院中國和遠東司的一些職業外交官破壞他的使命。[34] 然而，並不是那些職業外交官在破壞，而是赫爾利本人所代表的美國政策，才使得中國組建聯合政府的前景黯淡。雖然美國公開宣稱在中國的目的是實現國民政府的民主化和國共兩軍的統一，但美國非但不向蔣委員長施加壓力，迫使其在政治上讓步，反而刻意加強國民黨反動派的勢力。在赫爾利擔任大使期間，美國不是中國內戰的調解人，而是站在國民政府一方的支持者。受到美國片面支持的鼓舞，國民政府更加頑固地維護一黨統治，更加敵視聯合政府的提議。在這方面，美國支持蔣委員長的政策只是加深了中國的內戰危機。隨著赫爾利大使的辭職，美國有機會重新審視它的對華政策。

在這樣的背景下，馬歇爾將軍被任命為杜魯門總統的駐華特別代表。

---

33 *United States Relations with China*, 109.

34 For the full text of Ambassador Hurley's letter of resignation to President Truman, see Annex 50, *United States Relations with China*, 581-584.

第 4 章　中國和平的曙光

一、杜魯門的政策聲明（1945 年 12 月 15 日）與馬歇爾的駐華特使任命

二戰勝利結束後，馬歇爾將軍辭去美國陸軍參謀長職務，回到維吉尼亞州利斯堡（Leesburg）。[1] 杜魯門總統因駐華大使赫爾利突然辭職與國共之間的緊張關係而倍感壓力，要求馬歇爾將軍延後退休計畫，並承擔一項特殊使命，以推進美國在中國的各項工作。馬歇爾將軍接受了這個為國家服務的任務。在 1945 年 11 月 27 日，杜魯門總統任命馬歇爾將軍為大使銜駐華特使。[2]

馬歇爾將軍的任命得到美國媒體的高度評價。眾所周知，團結國共兩黨的困難似乎無法克服，如果還有一絲成功的希望，那麼憑藉馬歇爾將軍的威望和人格或許還有可能。馬歇爾將軍是這個使命的合適人選，作為戰時的美國陸軍參謀長，指導包括中國戰區在內的盟軍全球戰略，知道「史迪威危機」的內幕，也瞭解赫爾利大使徒勞的調解努力，並曾監督魏德邁在中國的工作，還參加了開羅、德黑蘭、雅爾達與波茨坦等各個會議，對遠東國際關係有第一手瞭解。除了軍人氣質之外，還擁有政治家的謀略。他意志堅強，兼具道德約束力和親和力的人格，使他成為出色的談判者和調解人。更重要的是，他得到杜魯門總統和美國國會的全力支持，人們相信他可以是美國的代言人。

此時，國會正在激烈辯論美國對華政策。1945 年 12 月 7 日，

---

1 *New York Times*, January 8, 1947.

2 *United States Relations with China*, 132.

在參議院外交關係委員會的公開聽證會上，國務卿詹姆斯・伯恩斯（James F. Byrnes）表示，在二次大戰期間，美國在中國的直接目標是在軍事上實現國共的軍事一體，以有效對抗日本，但美國的長期政策，無論二戰期間或當下，都是將中國發展成為一個強大、統一和民主的國家。他表達杜魯門政府的信念，即蔣委員長的國民政府提供了「最令人滿意的民主發展基礎」，但「它必須擴大到包容那些已經壯大的、有組織的、卻在政府中沒有任何發言權的團體」。伯恩斯認為，這個問題單靠中國政治領袖無法解決，美國的影響是結束中國內戰的因素之一。他說，「成功將取決於我們是否能根據不斷變化的情況，發揮美國的影響力，鼓勵（國民政府、中共其他政治團體）做出讓步」。[3]

在赫爾利大使辭職之前，國務院為杜魯門總統準備了一份美國對華政策聲明草案。馬歇爾將軍被任命為總統特使後，伯恩斯立即要求他過目，以便向總統提出建議。聲明草案在伯恩斯和馬歇爾將軍的同意後，得到杜魯門總統的批准。[4] 12 月 15 日，即馬歇爾將軍離開華盛頓前往中國的那天，杜魯門總統向公眾發表聲明：

> 美政府深信，強大、團結及民主之中國，對於聯合國及世界和平之成功，至關重要。不論目前或將來陷於紊亂及分裂之中國，或因外患使然，如日人所為者，或為猛烈內爭所召致者，將使世界之安定與和平岌岌可危。
>
> 然本世紀以來之情勢，顯示吾儕，設有世界任何一地不克保持

3 "Secretary Byrnes' Memorandum for the War Department", *United States Relations with China*, 606-607.

4 James F. Byrnes, *Speaking Frankly* (New York, 1947), 226.

和平，則全世界之和平立受威脅。以此之故，美國暨所有聯合國家咸認中國應竭力迅依和平協商辦法，調整內部爭議。

美政府相信下列兩點至關重要：

（1）國民政府、中國共產黨，與其他政見不合之軍隊，應協商停止敵對行動，俾中國全境得以重歸中國之有效控制，日本軍隊亦得迅速撤退。

（2）召開一全國主要政黨代表會議，以謀早日解決目前之內爭，俾中國統一得告實現。[5]

杜魯門總統在聲明中宣稱，美國和其他聯合國會員國已經承認國民政府是中國唯一的合法政府，並認為它是實現中國國家統一的適當機構。然而，「美國深知在中國國民政府乃屬一黨之政府，美國相信倘若該政府之基礎加以擴大，包容全國其他政治分子在內，則和平團結與民主之改革可推及於中國。職是之故，美國強烈主張應由國內所有主要政治分子推出代表，舉行一全國性之會議，從而商定辦法，使彼等在中國國民政府內均享有公平而有效的代表權。」[6]

杜魯門總統熱衷於整合共軍，強調：「自治性之軍隊，即如共產軍者，與中國之政治團結不相符合，亦使之不可能。一旦廣泛的代議制建立起來，諸如此類之自治性軍隊及中國一切武裝軍隊均應有效的歸併於中國國軍之內。」[7]

關於駐華美軍，杜魯門表示：「美國迄在協助並將繼續協助

---

5 “Statement by President Truman on United States Policy Toward China”, Dec. 15, 1945, annexed in *United States Relations with China*, 607-609.

6 “Statement by President Truman on United States Policy Toward China”.

7 “Statement by President Truman on United States Policy Toward China”.

中國國民政府實現在解放地區對日軍繳械及遣送回國之任務，美國海軍陸戰隊之駐在華北，其目的在此。」但承諾：「美國之協助決不至發展為美國軍事干涉之地步，以至左右中國任何內爭之趨勢。」[8]

為了加強馬歇爾將軍的影響力，誘使國民政府做出一些必要的讓步，杜魯門總統進一步宣布，隨著中國走向和平統一，「美國將準備以各種合理方式，協助國民政府從事國家之善後，改良農業及工業經濟，建立一軍事組織，俾克完盡中國對維持和平秩序之國際責任。為貫澈此種協助，美國將準備對中國貸款之要求，在合理條件下，予以善意考慮，俾能實現各種計劃，以發展全中國之健全的經濟，與中美間健全的商業關係。」[9]

該政策聲明是杜魯門總統給馬歇爾將軍指示的主要部分。在 12 月 15 日致馬歇爾將軍的信中，杜魯門總統指示馬歇爾將軍要以適當和切實可行的方式發揮美國影響力，儘快以和平、民主的方式實現中國的統一。具體來說，他希望馬歇爾將軍「努力說服中國政府召集包括主要政黨代表的全國會議，以實現中國的統一，同時（特別是在華北）停止敵對行動」。[10] 要求馬歇爾將軍利用預定於重慶舉行的政治協商會議，與中國各政黨領袖交換意見。至於國民政府關於經濟和軍事援助的請求，儘管杜魯門總統原則上批准擬議中的美國軍事顧問團，但馬歇爾將軍被授權以最大程度開誠布公地與蔣委員長和其他中國領袖們討論，因為「一個因內戰而四分五裂的中國，現實上不能被視為是適合派送美援

---

8 "Statement by President Truman on United States Policy Toward China".

9 "Statement by President Truman on United States Policy Toward China".

10 "President Truman's Letter to General Marshall", Dec. 15, 1945, annexed in *United States Relations with China*, 605-606.

之處。」[11]

總的來說，杜魯門總統的政策聲明以及他給馬歇爾將軍的指示，只是積極而明確地重申美國對華目標，並無新奇之處，也無基本變化，與國民政府的公開承諾和中共關於和平解決中國內戰的願望一致。其實，在杜魯門總統宣布美國對華政策之前，透過蔣委員長和毛澤東的會晤，國共已經就和平重建國家達成部分協議。馬歇爾將軍的使命被設計成運用美國影響力實現國民黨政權民主化和整編共軍，然而，在這些公開宣稱的政治目標背後，美國正動用在中國的駐軍干預國共衝突。11 月，魏德邁將軍向美國政府報告，國軍軍心渙散，在共軍的對抗下無法接管東北。他認為，除非國民政府能與中共和蘇聯達成令人滿意的協定，否則將無法鞏固在華北的控制權，也無法長期占有東北，並建議蔣委員長在嘗試收復東北之前，應集中精力穩固在華北的地位。更重要的是，他甚至建議美、蘇、英三國，為國民政府掌控東北建立託管機制。[12] 在馬歇爾將軍被任命為總統駐華特使後，國務院於 12 月 9 日要求陸軍部指示魏德邁將軍協助國民政府將其軍隊與補給運往東北港口，以執行從關內遣返日軍的計畫，但在馬歇爾將軍與重慶的中國各政黨領袖談判取得結果之前，除華北少數幾個對軍隊和補給進入東北至關重要的港口外，國軍向華北的進一步運輸應暫告停止。重啟輸運國軍至華北，取決於馬歇爾將軍：

（a）能夠確定國軍向華北的輸運能與他的談判協同進行，或

（b）能夠確定中國各黨派之間的談判已經失敗、或無成功的希望，使得軍隊輸運變得必要，以有效地履行受降條款並保

---

11 “President Truman’s Letter to General Marshall”.

12 *United States Relations with China*, 131-132.

證美國維護世界和平的長期利益。[13]

這些指示都凸顯了馬歇爾將軍出使的真正目標。

馬歇爾將軍的使命，引發中國政界的濃厚興趣和廣泛猜測，成為深入研究和討論的課題，杜魯門總統的政策聲明在重慶受到熱烈歡迎。國民黨發言人表示，美國對華政策在各方面都符合國民政府的宗旨。儘管國民黨當局擔心，馬歇爾將軍執行他的指示可能意味著真正改革的強大壓力，但他們堅稱國內政策不會發生根本性變化。當被問到，國民政府是否會認為，杜魯門總統的聲明是迫使政府與中共和其他政黨妥協的警告？一名國民黨官員說，他不認為美國對國民政府的經援和軍援是有條件的。[14]

中共對杜魯門總統政策聲明的反應，大體上來說是歡迎的。在重慶出版的中共機關報《新華日報》刊登了延安的電報，表明中共歡迎杜魯門聲明，認為「這一聲明揚棄了腐敗的赫爾利政策——即武裝支持國民黨進行內戰的政策」。[15] 在評論聲明中提及國民政府是得到國際承認的中國唯一合法政府時，一位中共發言人指出，中共也視國民政府為合法的中央政府，但也強調它絕不能以目前的形式永存。中共同意杜魯門總統的做法，即國民黨政權是實現中國統一的適當機構，但前提是它必須經過改組。發言人特別讚賞杜魯門總統將當前的國民黨政權描述為一黨政府：這是第一次以如此坦率的方式指出這點……這個說法完全符合我們長期以來關於聯合政府的訴求，這一訴求國民黨從未真正承認過，從未同意在政府中能有中共和其他團體的「公平、有效」

---

13 "Secretary Byrnes' Memorandum for the War Department", *United States Relations with China*, 606-607.

14 *New York Times*, December 18, 1945.

15 Chungking *New China Daily News*, quoted *New York Times*, December 17, 1945.

代表。發言人最後表示，希望美方恪守杜魯門的承諾，不對中國內戰進行軍事干預。[16]

民盟的反應尤其熱烈。發言人羅隆基指出，杜魯門總統的聲明與該組織一直在努力的目標完全吻合。他說，民盟無意推翻國民政府，只是要求國民政府自由化，成為民主而有代表性的政府。我們歡迎馬歇爾將軍的到來，並對美國政府給他的指令感到高興。[17]

二、莫斯科三巨頭會議及其涉華決議

當馬歇爾將軍在中國肩負使命，國務卿伯恩斯則飛往莫斯科參加三巨頭會議，同樣遵循杜魯門總統的政策聲明。

在莫斯科會議期間，三位外長充分討論中國問題。美、蘇、英都認為中國因內戰而分裂，無法在盟國中占據應有的地位，也無法妥善履行國際責任。關於美國的對華政策，在獲得三位外長的基本同意，並諮詢史達林的意見後，莫斯科三巨頭會議宣布：

> 三國就中國局勢交換意見，一致認為：
>
> a. 必須在國民政府之下建立一個團結而民主之中國。
>
> b. 必須由民主分子廣泛參加國民政府之各部門，並停止內爭。
>
> c. 美、蘇、英不干涉中國內政之政策信守不渝。[18]

關於美、蘇在華軍隊，伯恩斯與莫洛托夫進行多次討論。伯

16 *New York Times*, December 18, 1945.

17 *New York Times*, December 18, 1945.

18 "The Communique of the Moscow Conference of the Big Three", *New York Times*, December 27, 1945.

恩斯建議，將東北控制權移交給國民政府一案列入會議議程，莫洛托夫則拒絕，理由是中蘇在東北已有條約關係，兩國在這一問題上沒有分歧，蘇軍已經解除日軍武裝，驅逐東北的日軍，但應國民政府的要求，蘇軍將在 1946 年 2 月 1 日前完全撤離，並重提蘇聯在 1945 年 12 月 21 日備忘錄中堅持不干涉中國內政的政策，希望其他列強也這樣做。莫洛托夫堅持討論美軍在華北的駐留，並建議美軍和蘇軍最遲於 1946 年 1 月中旬同時撤出中國。伯恩斯回應，美軍是應國民政府的要求才在華北駐軍，重申美國在執行日本投降條款和維護華北和平的首要責任，並表示這是馬歇爾將軍使華的原因之一。[19] 不過，一旦日軍被解除武裝並遣返，或者中國能夠獨立完成這一任務時，美國就會立即撤軍。當伯恩斯向史達林重述他的觀點時，這位蘇聯領袖反對使用美軍來執行駐華日軍受降的條款，並表示如果中國人民認為國民政府必須依賴外國軍隊的支持，蔣委員長將會失去他的影響力。[20]

莫斯科會議公報進一步宣布：

> d. 蘇軍於明年 2 月 1 日撤退，美軍於協助中國執行日本受降條款完畢，中國政府不需要時，美軍即行撤退。[21]

國共對莫斯科會議的決議都表示贊許。國民政府宣布，它完全同意美、蘇、英三國的決定。[22] 中共則對三巨頭堅持不干涉中國內政表示讚賞，對美、蘇軍隊早日撤出中國領土的聲明表示歡

---

19 *United States Relations with China*, 124-125.

20 Byrnes, *Speaking Frankly*, 226-228.

21 "The Communique of the Moscow Conference of the Big Three".

22 *New York Times*, December 30, 1945.

迎，並贊同三巨頭的觀點，即廣泛的民主分子參政，會帶來一個團結而民主之中國。[23]

至少就目前而言，莫斯科會議公報明確表示國際社會將不會介入國共衝突，從而有助於馬歇爾將軍使華發揮功效。史達林在與國務卿伯恩斯的會談中，也稱讚馬歇爾將軍：「如果還有人能解決中國的局勢難題，那麼他就是那個『不二人選』。」[24]

因此，1946 年初，國內外形勢都對中國實現和平統一有利。看來馬歇爾將軍的使命有可能會成功。

三、軍事三人小組會議與 1946 年 1 月 10 日的停戰協議

1945 年 12 月 20 日，馬歇爾將軍搭機抵華，陪同的有新任美國駐華武官白魯德上校（Henry A. Byroade）和國務院下級官員席布雷（James Shepley）。他的專機降落在上海江灣機場，受到一大群中、美政要迎接。當他乘車穿過擁擠的、懸掛著國旗的街道，萬人空巷，歡欣鼓舞。馬歇爾將軍立即會見魏德邁將軍，聽取報告。[25]

由於蔣委員長當時在南京，馬歇爾將軍又繼續前往南京拜會，以進行初步商談，蔣委員長也到機場熱切迎接。

當時，重慶仍是中國的政治中心。12 月 22 日，馬歇爾將軍搭機前往山城陪都。受到時任行政院院長宋子文和中共駐重慶代表團團長周恩來的歡迎。他抵達時，軍樂隊奏響了美、中兩國國

---

23 *New York Times*, December 30, 1945.

24 Byrnes, *Speaking Frankly*, 228.

25 *New York Times*, December 21, 1945.

歌，國軍儀仗隊穿著眩目的制服接受他的校閱。[26] 馬歇爾將軍的到來給中國帶來許多期待，飽受戰爭蹂躪的人民渴望這位美國特使能幫助結束內戰。所有報紙都歡迎馬歇爾將軍，並寄厚望於即將到來的和平談判。然而，儘管中國人歡迎馬歇爾將軍使華，但他們對美國可能的干涉卻心懷謹慎，甚至親國民黨的報紙也斷言，中國內政不應成為盟國外交政策的一部分。[27]

在重慶的第一週，馬歇爾將軍研究了中國政局，以便瞭解國共衝突所涉及的問題。他與美國大使館的工作人員，特別是代辦饒伯森（Walter G. Robertson）商談，接待了中國所有主要政黨的代表，但避談他將如何根據杜魯門總統的政策聲明履行使命。這些初步討論，可使馬歇爾將軍瞭解中國的政治現實。

12 月 24 日，三位中共代表拜會馬歇爾將軍，他們是周恩來將軍、共軍參謀長葉劍英將軍和代表中共參加聯合國金山會議的董必武先生。在一個小時的會見裡，中共代表全面闡述他們對中國內戰的立場。馬歇爾將軍沒有發表自己的意見，但強調他想「傾聽和學習」。[28]

馬歇爾將軍剛到中國，國共兩軍就收復區控制權的爭奪卻越演越烈。國軍在美國的幫助下向北推進，以占領華北和東北。人們認識到，實現和平的先決條件是在所有戰線上停火。因此，中共呼籲立即無條件地在全國範圍內停戰。共軍總司令朱德將軍從綏遠包頭、歸綏和山西大同等戰略要地撤軍，以實際行動讓國民黨當局相信中共渴望和平。[29] 12 月 27 日，周恩來將軍向國民政

---

26 *New York Times*, December 22, 1945.

27 *New York Times*, December 24, 1945.

28 *New York Times*, December 24, 1945.

29 *New York Times*, December 24, 1945.

府提出書面停戰提案，該提案包含三個要點：

（一）雙方下令所屬部隊暫駐原地，停止一切軍事衝突；

（二）凡與避免內戰有關的一切問題如受降、解除敵軍武裝、解散偽軍、恢復交通及解放區、收復區等，在軍事衝突停止後用和平協商方法解決；

（三）為保證實現上述兩項，在政協會議指導下，組織全國各界考察團分赴有內戰的各地區考察，隨時報告事實真相，公諸國人。[30]

針對中共的停戰提議，國民政府於 12 月 31 日向在重慶的中共代表團遞交了書面反提案。國民政府的反提案原則上建議馬歇爾將軍在即將舉行的和平談判中應被視為「裁判」，同意在全國停止所有軍事衝突，恢復鐵路交通，由政府與中共各派代表一人，會同馬歇爾將軍，從速商定辦法，「提請政府實施」。[31]

中共的停戰提案與國民政府的反提案之間，存在一些根本的區別。中共要求停火必須是無條件的、立即的和全國性的；雙方必須將所屬部隊暫駐原地；並敦促所有與內戰有關的問題都必須透過和平協商的方式解決。另一方面，國民政府顯然將恢復鐵路交通視為停止軍事衝突的先決條件。由於中共控制有鐵路幹線通過的華北、華中和沿海地區農村，如果在達成任何政治協議之前重新開放鐵路線，隨著國軍湧入解放區，將會削弱共軍的地位。但是，中共屈從了國民政府的反提案，不過，他們也指責口頭上

30 *New York Times*, January 1, 1946.

31 See General Chang Chun's report before the Political Consultation Conference, compiled in *Political Consultation Conference*, II, 47-48.

大談和平的蔣介石委員長，放手讓國軍大舉進占熱河。[32]

那重中之重的政治協商會議原定於 1946 年 1 月 10 日召開。人們期待軍事衝突可以在這天之前停止，以便讓會議在和平的情況下召開，來解決諸多影響深遠的問題。國共同意成立以馬歇爾將軍為主席的軍事三人小組會議〔編註：以下簡稱三人小組或三人會議〕，先行商討停戰相關事宜。國民黨「政學系」首領，同時也是蔣委員長的密友——張羣將軍，被任命為國民政府代表，周恩來將軍則被選為中共代表。[33]

1 月 7 日，三人小組在馬歇爾將軍的重慶官邸客廳中舉行了第一次正式會議。張羣帶來兩位助手，周恩來將軍有一位翻譯陪同，馬歇爾將軍則有白魯德上校和席布雷協助。三位談判代表和助手們圍坐在會議桌旁，面前擺了一張很大的中國地圖。兩個小時後，會議在充滿希望的氣氛中結束。[34]

1 月 8 日，三人小組召開了兩次會議，上午三個小時，下午三個半小時。國共代表分別將委員會的決定提交給蔣委員長和毛澤東。但在 1 月 9 日，談判卻陷入僵局。張羣堅稱，在下達停戰令之前，國民政府必須接管與熱河和察哈爾接壤的共區。國民政府提出這一要求，意在奪取赤峰和多倫這兩個控制內蒙古通往東北的戰略重鎮。這個出乎意料的要求被周恩來將軍拒絕，中共堅認，必須無條件地結束全國各地的軍事衝突，無一例外。[35]

1 月 9 日晚，為打破僵局，馬歇爾將軍去見蔣委員長，談至

---

32 *New York Times*, January 3, 1946.

33 *United States Relations with China*, 136.

34 *New York Times*, January 7, 1946.

35 See General Chou En-lai's report before the Political Consultation Conference, compiled in *Political Consultative Conference*, II, 53-54.

半夜，終於說服蔣委員長，在宣布停止軍事衝突之前，撤回國民政府占領赤峰和多倫的要求。半夜 12 時 30 分，馬歇爾將軍通知周恩來將軍恢復和談。[36] 1 月 10 日凌晨，三人小組召開了一個小時的會議，通過了停火協議的最終草案。

政治協商會議如期召開。與會者將會議的正式開幕推遲二十分鐘，以等待停戰協議的宣布。[37] 上午 10 時許，當蔣委員長向政治協商會議宣布停戰協議時，會議廳內洋溢著歡欣鼓舞的氣氛。與會代表認為，他們奠定了建構和平的基礎。

根據 1 月 10 日的停戰令，三人小組中的國共代表，徵得蔣委員長和毛澤東的同意後，宣布國共兩軍奉命執行以下指令：

> 一、一切戰鬥行動，立即停止。
> 二、除另有規定者外，所有中國境內軍事調動一律停止，惟對於復員、換防、給養、行政及地方安全必要之軍事調動仍屬例外。
> 三、破壞與阻礙一切交通線之行動必須停止，所有阻礙該項交通線之障礙物，應即拆除。[38]

停戰協議並沒有使國共兩軍完全留駐原地，因為雙方同意，允許具有正當理由的部隊調動。[39] 關於軍隊的調動，停戰協議有兩個重要的例外是：第一，停止軍事衝突的命令「對國民政府在

---

36 *New York Times*, January 10, 1946.

37 *New York Times*, January 10, 1946.

38 For the full text of the Order for the Cessation of Hostilities, January 10, 1946, see *United States Relations with China*, 609-610.

39 *Political Consultative Conference*, II, 53.

長江以南整軍計劃之繼續實施並不影響」。其次，停戰令「對國民政府軍隊為恢復中國主權而開入東北九省或在東北九省境內調動，並不影響」。但是，規定所有部隊調動都要通知在北平的軍事調處執行部。[40]

為了讓命令有足夠的時間傳遞到分散各地的所有戰場，雙方同意停戰令於 1 月 13 日午夜生效。

停戰協議圓滿達成後，馬歇爾將軍沒有對記者發表任何評論，但他熱烈讚揚在停戰談判中「雙方都表現出尋求切實解決困難的誠懇願望」。[41] 公認反映國民黨自由派觀點的重慶《大公報》，則稱讚馬歇爾將軍立下了「蓋世的功勳」。[42]

四、北平軍事調處執行部的設立

為執行停戰令，1 月 10 日的停戰協議規定立即在北平設立軍事調處執行部。眾所周知，由於國共兩軍之間的仇恨和互不信任，以及缺乏溝通四散各地火線的渠道，除非組成若干有各方代表參與的、具有監督權的戰地視察組，前去發生問題的所有地方執行任務，否則停戰令幾乎不可能有機會落實。根據國共簽訂的協議，軍事調處執行部的任務規定如下：

> 軍事調處執行部應實行業經商定之停戰政策。本執行部為增訂必需之附屬協定，俾停戰命令之實施更為有效，得為各種建議。此項建議，包括解除日軍武裝，恢復各項交通線，及配合移送日軍至海岸線，以便遣返之各項措施。經三委員一

40 *United States Relations with China*, 609-610.

41 *New York Times*, January 10, 1946.

42 Chungking *Ta Kun Pao*, January 11, 1946.

致同意之正式訓令，以中華民國政府主席名義發布之。[43]

軍事調處執行部由三名首席代表（委員）領導，分別代表國民政府、中共與美國，並由美國首席代表擔任主席。三位首席代表各有表決權與互商權。達成的共識是：一切行動必須全票通過，若有三方不能達成一致的事項，則上交三人小組決定。國、共和馬歇爾將軍各自與軍事調處執行部保持獨立的溝通管道。國民政府首席代表是軍事委員會情報局局長鄭介民〔編註：應為軍令部第二廳廳長〕，中共首席代表是共軍參謀長葉劍英將軍，美方首席代表是美國駐華代辦饒伯森。[44]

軍事調處執行部透過執行處落實其決策和命令，執行處底下包含不同功能的多個小組。在執行處中，國共有同等人數。美國駐華武官白魯德被選為執行處處長，他直接在三位首席代表的領導下擔任執行部的參謀長角色。[45]

三人小組馬不停蹄地執行停戰協議。馬歇爾將軍指派他的專用飛機運送軍事調處執行部的人員。1 月 11 日，白魯德上校離開重慶前往北平建立辦事處，並組織他的美國參謀團隊。兩天後，饒柏森代辦和葉劍英將軍飛往北平。軍事調處執行部於 1 月 14 日正式運作。[46]

在分散各處的前線地帶，執行停戰命令和細節的關鍵是各個執行小組。每個小組由三名成員組成——一名美國軍官、一名

---

43 For the full text of the Agreement on Establishment of the Executive Headquarters, see *United State Relations with China*, 627-628.

44 *New York Times*, January 10, 1946.

45 *New York Times*, January 10, 1946.

46 "Memorandum on Operations of the Executive Headquarters", annexed in *United States Relations with China*, 629-632.

國民政府代表、一名中共代表，配有通訊員和翻譯員，並由美國軍官擔任小組的負責人。這些小組被派往事發地點制止軍事衝突，恢復鐵路交通，解除城市包圍圈，或撤離日軍。這些執行小組成員盡心盡力，在大多數情況下，冒著生命危險完成執行部的決定和命令。[47] 停戰令宣布後，儘管零星的軍事衝突時有發生，但美聯社報導稱，1946 年 1 月 25 日是中國二十年來沒有發生任何武裝衝突的第一天。

中國人民的真誠願望，中國政治領袖的認真努力，莫斯科三巨頭會議關於中國的決議——所有這些因素結合在一起，促成了國共之間的停戰。但 1 月 10 日停戰協議的簽訂，以及北平軍事調處執行部的組建，主要是由馬歇爾將軍一手促成的。正是在馬歇爾將軍的影響下，國共代表才得以制定出切實可行的停火協議，並建立執行機制。然而，停止軍事衝突的命令只是紙上談兵，停戰協議的具體執行，還得取決於中國的整體政治形勢。此時，中共還處於弱勢，沒有人懷疑中共促進和平的真誠。在三人小組，如同在軍事調處執行部裡，美國首席代表被置於首要地位。如果美國真能在中國內戰裡扮演公正的角色，停戰協議就不會被國民政府用作軍事行動的煙幕彈，中國或許真能迎來和平。

---

47 “Memorandum on Operations of the Executive Headquarters”.

第 5 章　馬歇爾將軍與政治協商會議

一、政治協商會議及其決議

1945 年秋，蔣委員長與毛澤東會晤期間，國共決定召開政治協商會議。雙方同意應早日結束「國民黨訓政」階段，並應採取初步措施建立憲政政府，邀請各抗日政黨代表和無黨派社會賢達參加政治協商會議共商國是，討論和平建國和召集國民大會等問題。[1]

杜魯門總統在給馬歇爾將軍的指令中，指示利用政治協商會議的機會，與中國各政黨領袖交換意見。[2] 當馬歇爾將軍抵達重慶時，大部分被指派的政治協商會議代表已聚集在山城陪都。大會開幕前，馬歇爾將軍會見了國、共、民盟和其他政治團體的代表。杜魯門總統的政策聲明曾敦促在中國召開全國主要政治黨派的代表會議，以制定解決中國內戰的辦法。雖然召集政治協商會議是中國人自己的決定，但與馬歇爾將軍使華的願景正相符合。

1946 年 1 月 6 日，國民政府頒布召開政治協商會議辦法。會議出席人數定為三十八人：國民黨八人、中共七人、民盟九人、青年黨五人、無黨派社會賢達九人，以蔣委員長擔任會議主席。[3]

民盟、青年黨作為少數黨加入政治協商會議。在此有必要簡單地介紹這兩個政治集團的起源和主要特徵。除了國共兩黨之

1　Summary of Conversations Between Representatives of the National Government and of the Chinese Communist Party, *China Handbook, 1937-1945*, 738-740.

2　"President Truman's Letter to General Marshall", December 15, 1945, annexed in *United States Relations with China*, 605-606.

3　*Political Consultative Conference*, I, 1-2.

外，中國還存在小型的中間路線政治組織，主要有救國會、第三黨、鄉村建設協會、國家社會黨、中華職業教育社和青年黨等。1938 年國民政府成立國民參政會時，這些政治組織的領袖也曾被任命為參政員。

1939 年底，這些少數黨的成員和一些無黨派獨立人士組成了「抗戰建國同志會」。[4] 他們接受孫中山先生的政治思想作為國家的指導方針，但堅持國民政府必須開創憲政，保障人民的民主權利。他們力圖鞏固戰時的國共聯盟，反對武裝內戰。1941 年 3 月，這個組織改組為「中國民主政團同盟」，隨著國共關係的惡化，並充當了兩者之間的緩衝。1941 年 9 月，救國會、第三黨、鄉村建設協會、中華職業教育社、國家社會黨、青年黨的個別黨員，以及許多思想開明的教授和學生，聯合起來成立「民盟」，選舉張瀾為主席，提倡政治民主化和軍隊國家化，認為中國內戰的解決取決於雙重方案的實現，即「還政於民」和「還軍於國」。[5] 抗戰末期，民盟成為進步知識分子的強力組織，在中國政壇發揮重要作用。在政治協商會議中，民盟代表提出的政治綱領，與中共提出的非常相似。

青年黨是由少數政治家於 1923 年成立的右翼組織，沒有固定的政治綱領，在民間也沒有追隨者，但在四川地方政治中具有一定的影響力。它在政治協商會議中站在國民黨一邊。

1946 年 1 月 10 日上午，政治協商會議在重慶舉行開幕式，國共於當日簽訂的停戰協議，使會議在樂觀的氣氛中召開。蔣委員長在大會開幕詞中向人民宣布了他的「四項承諾」：

---

4 *Political Consultative Conference*, I, 40.

5 "The Chinese Democratic League", *A Political Report* (issued in place of a manifesto) (Shanghai, 1947), 1.

人民之自由：人民享有身體、信仰、言論、出版、集會、結社之自由，現行法令，依此原則，分別予以廢止或修正。

政黨之合法地位：各政黨在法律之前一律平等，並得在法律範圍之內公開活動。

普選：各地積極推行地方自治，依法實行由下而上之普選。

政治犯：政治犯除漢奸及確有危害民國之行為者外，分別予以釋放。[6]

周恩來將軍代表中共在大會上發言時說，舉國一致要求迅速結束訓政，積極籌備憲政。他說，這次會議負有全中國人民乃至世界各國人民寄以極大希望的歷史任務。他宣布參加會議的中共代表將以極大的誠意和容忍，與各黨代表及社會賢達共商國是。他敦促政治協商會議為「和平、團結、民主、統一」而奮鬥。[7]

沈鈞儒先生代表民盟發言，曾琦先生代表青年黨發言。出席大會最年長的邵從煾先生代表無黨派成員在開幕式上致辭，他含淚呼籲各黨派講「誠」「信」，和平解決國家事務。[8]

政治協商會議的第一週，是全體會議，主要在討論一般性問題。討論非常激烈，解決方案也沒有取得任何進展。1 月 15 日，政治協商會議指定代表們就主要問題組成五個組：

（1）政府組織；

（2）施政綱領；

（3）軍事；

6　Generalissimo Chiang Kai-shek's Inaugural Speech before the Political Consultation Conference, compiled in *Political Consultative Conference*, I, 3-8.

7　General Chou En-lai's Speech in the Opening Session of the Political Consultation Conference, compiled in *Political Consultative Conference*, I, 9-12.

8　*Political Consultative Conference*, I, 12-17.

（4）國民大會；

（5）憲法草案。

每一組的職責是研究特定問題，並將會議中的不同意見化為各方都能接受的方案。在討論過程中，僵局接連不斷，但正是在這些分組會議上，懸而未決的問題才艱難地達成協議。[9]

人們懷著極大的焦慮和不安關注著政治協商會議的進程，因為這次會議的結果將決定中國是和平統一還是內戰分裂。當會議陷入僵局的消息傳出後，民族危機的前景已隱然若現。學生團體一向以反映公眾意願為己任，是社會運動的生力軍，要求政治協商會議必須圓滿結束。1 月 25 日，一萬名大學生和中學生於黎明時分在大學城集會，向重慶進發，這是抗戰爆發以來最大規模的政治遊行。他們表達了人民的普遍願望——政治民主化，以及在中國終結外國帝國主義勢力。在政治協商會議會場前，他們請國共兩黨代表報告談判的進展。然後他們聚集在英、法大使館前，要求英國歸還香港，葡萄牙歸還澳門，並抗議法國與日本、德國在上海的代理人勾結。[10]

儘管蔣委員長在政治協商會議開幕式上提出了「四個承諾」，但他似乎沒有信守的誠意。1 月 26 日，警方闖入政治協商會議民盟代表黃炎培的住所搜查。同時，警方還闖入位於中共駐重慶辦事處，雖然沒有進行搜查。[11] 這些事件激起民盟和中共廣泛的憤慨。次日，九名民盟代表抵制會議。他們宣布，在蔣委員長提出保證保護代表的人身安全、不再發生此類事件之前，他們不會返回會議。他們還要求獲知蔣委員長何時執行他的「四個

9 *Political Consultative Conference*, II, 4-5.

10 *New York Times*, January 26, 1946.

11 *New York Times*, January 27, 1946.

承諾」。[12] 由於蔣委員長承諾釋放政治犯，國民政府釋放了中共黨員廖承志，他是孫中山先生可敬的革命同志廖仲愷之子。但民盟指出「一人獲釋，數千人仍在押」，在給蔣委員長的信中要求進一步釋放政治犯，要求全國各地政府當局不得阻礙少數黨的合法活動。[13]

1 月 27 日，中共代表周恩來將軍乘坐馬歇爾將軍安排的美軍專機飛往延安進行討論。[14] 他向中共中央彙報了政治協商會議的進展。三天後，他將中共的指示帶回重慶。

雖然馬歇爾將軍沒有直接參加政治協商會議，但他與會議的成員經常保持聯繫，從而利用美國的影響力鼓勵各方做出讓步。應蔣委員長的要求，馬歇爾將軍為國民政府起草政治綱領草案，包含權利法案、起草憲法提交國民大會的措施、組建憲政之前臨時聯合政府的措施。1 月 23 日，馬歇爾將軍祕密將這份綱領草案交給蔣委員長。[15] 除此之外，馬歇爾將軍還接受三人小組顧問一職，該小組的任務是研究整編國軍和收編共軍。美國駐蘇聯大使哈里曼於 1 月 27 日從莫斯科抵達重慶，[16] 外界猜測此行可能與馬歇爾將軍的使命有關。

當各政黨代表在政治協商會議上打口水戰的同時，馬歇爾將軍極力營造溫和的氣氛，回顧美國憲法編集的歷程，引用了富蘭克林（Benjamin Franklin）自傳中的一段話，來說服中國政治領袖妥協的必要性：

12 *New York Times*, January 27, 1946.

13 *New York Times*, January 29, 1946.

14 *New York Times*, January 28, 1946.

15 *United States Relations with China*, 139.

16 *New York Times*, January 28,1946.

> 當你將一群人聚攏在一起，意圖博採眾長，你也不可避免地將他們的偏見、激情、觀點錯誤、局部利益和他們的自私觀點聚在一起。從這樣的聚會中能夠期待完美嗎？其實，人們驚訝地發現，只有這樣的系統才能如此接近完美……[17]

1 月 31 日，政治協商會議召開最後一次會議，公布了以下五個主要問題的決議。

（1）政府組織

政治協商會議決定，中國國民黨在國民大會未舉行以前，為準備實施憲政起見，修改國民政府組織法，以充實國民政府委員會，為政府之最高國務機關。國民政府委員名額定為四十人。會議同意，一半的國民政府委員是國民黨黨員，另一半是其他政黨成員和社會賢達。非國民黨國民政府委員的議席分配問題，將在政治協商會議結束後作為單獨討論的議題。國民政府主席對於國民政府委員會之決議，如認為執行有困難時，得提交覆議，覆議時如有五分之三以上委員仍主張維持原案，該案應予執行。換句話說，國民政府主席有權否決國民政府委員會的決議，而主席否決需要五分之三的國民政府委員才能推翻。此外規定，國民政府委員會之一般議案，以出席委員之過半數通過之。但是，如果決議案性質涉及施政綱領之變更者，須有出席委員三分之二之贊成始得議決。[18]

由於國民政府委員會在擬議的聯合政府中舉足輕重，非國民

---

17 *Time* Magazine, March 25, 1946.

18 "Resolutions of the Political Consultation Conference on Government Organization", compiled in *Political Consultative Conference*, II, 19-21.

黨國民政府委員的否決權和議席分配問題成為後來國共談判中的棘手問題。為了確保政治協商會議的決議案，中共和民盟聯合起來，要求占國民政府委員會四十席中的十四席，以便必要時可行使否決權。[19] 中共和民盟若擁有略微多於三分之一的選票，就可以防止政治協商會議所達成的施政綱領發生變化，從而保障少數黨的合法存在。

（2）和平建國綱領

在憲政政府實際成立之前，各方同意在蔣主席領導之下，團結一致，並以三民主義為建國之最高指導原則。人們認識到，政府的民主化、軍隊的國家化及黨派平等合法，為達到和平建國必由之途徑。綱領規定，應確保人民享有身體、思想、宗教、信仰、言論、出版、集會、結社、居住、遷徙、通訊之自由。「人身保護令」（Habeas Corpus Law）應儘早實施。至於收復區有爭執之地方政府，暫維現狀，俟國民政府改組後解決之。[20] 這個問題後來成為國共兩黨談判的主題。

（3）軍事

軍隊應屬於國家。以馬歇爾將軍為顧問的三人小組，應照原定計畫儘速商定中共軍隊整編辦法，整編完竣。中央軍隊應依軍政部原定計畫，儘速於六個月內完成九十師之整編。國共兩軍整編完竣，應再將全國所有軍隊，統一整編為五十師或六十師。[21]

---

19 "The Chinese Democratic League", *A Political Report*, 5.

20 "Resolutions of the Political Consultation Conference on Program for Peaceful National Reconstruction", compiled in *Political Consultation Conference*, II, 22-30.

21 "Resolutions of the Political Consultation Conference on Military Affairs", compiled in *Political Consultation Conference*, II, 30-32.

（4）國民大會

國民大會定於 1946 年 5 月 5 日召開，以制定憲法。會議同意抗戰前國民黨政治機構依選舉法規定之區域及職業代表一千二百名照舊，臺灣和東北等新增各該區域及其職業代表一百五十名，此外還要另外增加黨派及社會賢達代表七百名。總計國民大會之代表為二千零五十名。[22]

會議規定第一屆國民大會的召集事項將由政治協商會議討論。[23] 憲法之通過須經出席代表四分之三同意為之。[24] 在後續的談判中，中共和民盟要求控制國民大會四分之一的席位，以保證基於政治協商會議協議的憲法能夠通過。[25]

（5）憲法草案

政治協商會議決定成立憲草審議委員會，負責根據政治協商會議擬定之修改原則，並參酌憲政期成會修正案、憲政實施協進會研討成果，及各方面所提出之意見，彙綜整理，製成五五憲草（1936 年）修正案，提供國民大會採納（如有必要時得將修正案提出協商會議諮商）。[26]

從表面上看，政治協商會議取得極大的成功，它的決議被譽為中國的「大憲章」（Magna Carta）。[27] 政治協商會議面臨的

---

22 "Resolutions of Political Consultation Conference on National Assembly", compiled in *Political Consultation Conference*, II, 21-22.

23 "Resolutions of the Political Consultation Conference on the Draft Constitution", compiled in *Political Consultation Conference*, II, 32-36.

24 "Resolutions of the Political Consultation Conference on National Assembly".

25 "The Chinese Democratic League", 5.

26 "Resolutions of the Political Consultation Conference on the Draft Constitution".

27 "The Chinese Democratic League", 17.

根本問題，是在憲政政府建立之前，國民黨將如何結束它的一黨專政，並組成一個能充分代表中共和其他政黨的聯合政府，而決議案正是為達此目標而制定的，其精髓是政治民主化和軍隊國家化。政治民主化將成為國共兩黨將軍隊交給國家的保障，軍隊國家化將成為政治民主化的基礎。這些決議是中國人民願望的結晶，符合盟國公開的對華政策。如果決議得以執行，中國或許就不必經歷一場漫長的血腥內戰。

二、軍事三人小組和 1946 年 2 月 25 日的軍隊整編協議

1945 年秋，蔣委員長與毛澤東會晤時，國共就軍隊國家化問題已達成了初步協議。中共建議一切武裝力量都公平合理地整編，並表示已準備將其指揮的陸軍部隊減少到二十四個師，或最少二十個師。國共同意成立一個軍事小組來制定軍隊整編的具體計畫。[28]

政治協商會議決議為中國軍隊的整編規劃了實際的步驟。在軍隊國家化的原則下，任何黨派及個人不得利用軍隊做為政爭之工具，軍隊建制應依國防需要，並依照國家一般教育及科學與工業之進步，改進其素質與裝備。經軍事三人小組商定同意，應擬定一個明確的計畫，將國共兩軍統一整編為五十個或六十個師的國家軍隊。[29]

當時，國民政府擁有一支由二百五十個師組成，大約三百五十萬人的陸軍，[30] 一支由八又三分之一大隊組成的空軍，以及

28　Chinese Ministry of Information, *China Handbook, 1937-1945*, 738-740.

29　“Resolution of the Political Consultation Conference on Military Affairs”.

30　See Vice-Minister of War Lin Wei’s report before the Political Consultation Conference,

一個小型的海軍分隊。另一方面，中共指揮著一支近百萬士兵的軍隊，[31] 民兵的數量則幾乎是雙倍。1946 年 1 月 10 日停戰協議後，兩軍仍在戰場上對峙。

政治協商會議期間，國共批准成立軍事三人小組，並邀請馬歇爾將軍作為顧問參加。軍事三人小組中，張治中將軍為國民政府代表，周恩來將軍為中共代表。[32]

2 月 14 日，軍事三人小組召開第一次會議。根據政治協商會議決議，該小組負責商定國共兩軍整編的具體方案。在達成協議的討論過程中，馬歇爾將軍強調軍隊和政黨分離的重要性。他主張中國軍隊應該按照西方世界的軍事傳統進行重組，以創建一支國家的、非政治的、民主的軍隊。[33] 經過幾次艱苦的會議，軍事三人小組於 2 月 25 日達成了一項協定，題為「關於軍隊整編及統編中共部隊為國軍之基本方案」。

這項軍隊整編方案，與政治協商會議的決議並行互補。它宣布軍隊整編的目的是促進中國的經濟復興，同時為發展一支用以保護國家安全的有效軍事力量奠定基礎，保護民權免受軍事力量干涉。該方案規定了軍隊整編的兩個時期：在該方案公布後的十二個月內，國軍裁減至九十個師，而共軍裁減至十八個師。每師人數不得超過一萬四千人。在後續的六個月內，國軍應縮編為五十個師，共軍應縮編為十個師，合計六十個師，編為二十個軍。在十八個月後，中國應該擁有一支由六十個師組成的國家軍隊，其中十個師應由共軍組成，這支國家軍隊的最大兵力約為八

---

compiled in *Political Consultation Conference*, 77-85.

31 *New York Times*, February 1, 1946.

32 *United States Relations with China*, 140.

33 *United States Relations with China*, 141-142.

十四萬人。方案規定國軍和共軍的合併應在第七個月開始。北平的軍事調處執行部被指定為執行機關。雙方同意在最初之過渡期內，政府及中共均應負責維持其軍隊之良好秩序與補給，並保證各該軍隊對於軍事調處執行部所頒發之命令，立即絕對遵行。為避免復員而引致之普遍困難及不法情事，政府及中共應於初期各自供應其編餘人員之補給，並處理其運輸及就業之諸項問題。[34]

馬歇爾將軍作為顧問，一直是軍事三人小組的平衡擺輪。人們相信，馬歇爾將軍身為高級將領，他的專業知識有助於制定整編和整合中國軍隊的具體計畫。在簽署這份協定時，國民黨代表張治中與中共代表周恩來將軍都讚揚馬歇爾將軍的斡旋努力。這位美國特使簡短地說道：「我認為，這項協定代表了中國最強烈的希望。我相信這項協定是不會被玷汙的，除非有一小撮不肯調和的人，出於自私的目的，想要挫敗中國人民對和平與繁榮的強烈渴望。」[35]

2 月 27 日，軍事三人小組起草一份備忘錄致北平軍事調處執行部。這份文件簽署於 3 月 16 日，規定「關於軍隊整編及統編中共部隊為國軍之基本方案」是軍事調處執行部實施軍隊國家化的總綱，應成立一個由國軍、共軍和美軍組成的管控小組，計畫並監督中國軍隊復員、重組和整編的執行。軍事調處執行部派出的執行小組將在戰場上監督基本方案的實施。再者，軍事調處執行部應指示那些被保留的國、共師級部隊在指定地區集結，接受為期十二周的基本訓練。[36]

---

34 "Agreement on Basis for Military Reorganization and Integration of Communist Forces into National Army", signed on February 25, 1946, annexed in *United States Relations with China*, 622-626.

35 *New York Times*, February 26, 1946.

36 "Memorandum by the Military Subcommittee", signed on March 16, 1946, annexed

顯而易見，中共做出了很大的讓步以達成軍隊改組協議，這個基礎計畫的本質，是將共軍編入國軍。當中共代表簽署該協議時，就準備將軍隊移交給民主的聯合政府。根據方案，在完成軍隊整編之後，中國軍隊將由五十個國軍師和十個共軍師組成，國共軍隊的比例是五比一。在擬議的中國軍隊裡，共軍的占比與國軍相比，明顯低於其實際兵力。人所共知，軍隊整編是政治民主化和國家統一的必要條件。為了促進政治協商會議決議的落實，為憲政提供先決條件，中共做出了這些讓步。

1 月 10 日的停戰協議旨在停止戰場上的軍事衝突，政治協商會議的決議則提供了組建臨時各黨派聯合政府及憲政政府的基本原則。2 月 25 日的軍隊整編方案，為合併國軍和共軍提供了具體計畫。停戰、政治民主化和軍隊國家化是相互關聯依存的。這三個文件構成了解決中國內戰的整體解方，只有將它們作為一個相互依存的整體，才能成功地付諸實踐。

三、國民黨頑固派反對政治協商會議決議

客觀地看，停戰協議、政治協商會議決議、軍隊整編方案，都有利於國民政府。雖然停戰協議中止軍事衝突，但鐵路交通重新開放，讓國軍可以進入長江以南地區，深入東北。政治協商會議的決議將國民黨在擬議中的聯合政府置於主導地位，獲得國民政府委員會四十席中的二十席。在預定的國民大會中，國民黨將能夠控制二千零五十名代表中的近四分之三。此外，軍隊整編方案，使國軍在未來的中國軍隊中具有無可匹敵的優勢。

政治協商會議的決議必須經過與會團體組織的中央委員會或

---

in *United States Relations with China*, 626-627.

理事會批准。中共、民盟和青年黨都堅定支持。蔣委員長在會議的閉幕式致詞也言之鑿鑿地宣誓，他將忠實和堅決地遵守所有決議，並希望看到文武百官也是如此。[37] 但另一方面，他又縱容國民黨 CC 派破壞政治協商會議達成的決議。

政治協商會議還在進行，國民黨反對派就動起來了。1 月 28 日，國民黨控制的三十五家工商集團發表宣言，反對組建聯合政府，堅持國民黨應繼續實行一黨訓政，直至憲政政府成立。[38]

2 月 10 日，重慶市民在校場口舉行群眾大會，慶祝政治協商會議成功。國民黨官員和特務則用暴力破壞了這次集會，驅散了上萬與會群眾。會議主席團七名成員被毆傷，包括民盟成員李公樸、史良，名作家郭沫若，以及政治協商會議無黨派代表等。[39] 更為嚴重的是，國民黨特務闖入北平軍事調處執行部，在衝突中，中共首席代表葉劍英將軍及其助手受到恐嚇。[40]

蘇、美軍隊在華持續駐兵，也擾動了中國人的愛國心。國民黨頑固派儘量利用東北問題煽動民眾情緒反對中共，斷言中共與蘇聯有聯繫，並指責中共應該為國民政府在東北的難題負責。東北問題成為焦點，被國民黨頑固分子用以破壞政治協商會議決議的執行。2 月 22 日，在三青團的煽動下，重慶萬餘名大、中學生舉行大規模遊行，要求蘇軍撤離東北。在這次示威的準備過程中，一些中立的教授和學生認為，應該要求所有外國軍隊都撤出中國領土，但國民黨領導的示威群眾堅持將目標限於蘇聯。國民黨還進一步利用這次示威掩飾他們對中共和民盟的攻擊，國民政

---

37 *United States Relations with China*, 138.

38 *New York Times*, January 28, 1946.

39 *New York Times*, February 11, 1946.

40 *New York Times*, February 25, 1946.

府特務偽裝成學生，闖入並洗劫位於重慶的中共機關報《新華日報》編輯部，還襲擊並破壞民盟機關報《民主報》的編輯部，這兩個報社的工作人員都被毆傷。[41]

國民黨領袖剛剛做出「四個承諾」，其派出的代表也與其他黨派代表和社會賢達制定了政治協商會議決議，這一系列的事件卻引發國民黨是否有誠意履行這些決議的質疑。在此關頭，周恩來將軍發出警告，如果國民政府不能維持更好的秩序，中共和其他民主黨派將不會參與擬議中的聯合政權。[42]

3 月 1 日至 17 日，國民黨中央執行委員會在重慶舉行全體會議，討論和批准政治協商會議決議。國民黨內部的 CC 派試圖阻止批准與中共組成聯合政府的計畫。[43] 部分當權的國民黨將領反對軍隊整編方案，他們也站在 CC 派一邊，阻撓批准政治協商會議的決議。這些頑固分子的目標是要延續國民黨的一黨統治，拒絕採取任何實質步驟以建立民主聯合政權和憲政政府。但是，為了安撫美國和其他政黨，蔣委員長力主「全面接受」政治協商會議決議案。[44] 3 月 16 日，國民黨中央執行委員會一致通過政治協商會議決議，但也提出幾項保留，似乎與各黨派協議的精神和措辭直接對立。[45] 此外，國民黨中央執行委員會還通過提案，其他黨派提名的擬議聯合政府國民政府委員會委員候選人，必須得到國民黨中央常務委員會批准。[46]

---

41 *New York Times*, February 23, 1946.

42 *New York Times*, February 23, 1946.

43 Boston *Christian Science Monitor*, March 16, 1946.

44 *New York Times*, March 5, 1946.

45 "Ratification by the Kuomintang Central Executive Committee of Resolutions adopted by Political Consultation Conference", annexed in *United States Relations with China*, 634-639.

46 *New York Times*, March 19, 1946.

國民黨中央執行委員會休會之後，政治協商會議綜合小組繼續討論各黨派的協議。在此期間，國民黨代表試圖變更和破壞政治協商會議決議，而中共和民盟代表則堅稱這些協議是由各黨派正式代表和社會賢達制定的，不能由國民黨單方面改變。3 月 18 日，中共代表周恩來將軍譴責國民黨頑固分子企圖破壞中國的和平、統一和民主，指出他們的言行不符合政治協商會議達成的協議，並對蔣委員長竟容忍其追隨者的行徑表示驚訝。[47]

事實上，從蔣委員長對周恩來將軍的指責保持沉默，就可以推斷國民黨頑固分子的行動得到默許首肯。[48] 他們試圖通過修改各黨派共同協議來保持對政治權力的控制，並聲稱在擬議的憲政政府中，總統應該有相當於半獨裁的權力。為表示抗議，中共和民盟拒絕提名成員進入國民政府委員會。

四、馬歇爾將軍的巡迴訪問與返美述職

1946 年 3 月的第一個星期，在張治中將軍和周恩來將軍及其幕僚陪同下，馬歇爾將軍經歷三千五百英哩的飛行，參觀華北各主要地區，訪問北平、濟南、太原、延安等十座城市。所到之處，都受到熱烈的歡迎。[49]

在中共總部延安，馬歇爾將軍第一次見到毛澤東和其他中共領袖，就和平談判中懸而未決的問題進行討論。馬歇爾將軍在歡迎他的集會上以具有說服力的「老學究」口吻演說，強調和平與統一對中國的重要性。他留宿延安，欣賞魯迅藝術學院學生演出

47　*New York Times*, March 19, 1946.

48　Richard E. Lauterbach, *Danger from the East* (New York, 1946), 280.

49　Lauterbach, *Danger from the East*, 276.

的民歌與戲劇。[50]

隨著停戰協議、政治協商會議決議、軍隊整編方案的簽訂，國共描繪了合作的藍圖。馬歇爾將軍認為，只有穩定和改善中國的經濟狀況，才能鞏固中國的和平與統一。他覺得應該親自向杜魯門總統報告中國的形勢，有必要為國民政府爭取財政與物資援助。特別是，他急於透過聯合國善後救濟總署（United Nations Relief and Rehabilitation Administrations, UNRRA）著手處理美國剩餘物資的轉運和分配。因此，他提議短暫飛返華盛頓，再及時回到中國繼續他的斡旋。這一想法得到了杜魯門總統的批准。[51] 3 月 11 日，馬歇爾將軍離開重慶，途經東京與麥克阿瑟將軍會談，再前往華盛頓。在臨行前的最後一刻，他取得國共的共識，將停戰協議擴及東北。馬歇爾將軍離開中國期間，軍事三人小組的工作由吉倫中將（Alvan C. Gillem, Jr.）代替。[52]

馬歇爾將軍於 3 月 15 日抵達華盛頓。在機場受到了馬歇爾夫人、艾森豪將軍（Dwight D. Eisenhower）、國務次卿艾奇遜（Dean Acheson），以及軍方高級將領、國務院高級官員的歡迎。在與國務卿伯恩斯進行了一個小時的會談後，他前往白宮晉見杜魯門總統。[53]

3 月 16 日，馬歇爾將軍在華盛頓舉行的記者招待會上，向公眾發表了以下聲明：

中國人民今日正從事努力，自余視之，此項努力應獲得全世

---

50 *Time* Magazine, March 18, 1946.

51 *United States Relations with China*, 145.

52 *New York Times*, March 12, 1946.

53 *New York Times*, March 16, 1946.

界之合作。此種努力幾無前例，中國人民之領袖逐日致力藉和平討論解決過去二十年來根深而痛苦之衝突，逐日均獲進展。彼等現已順利結束過去二十年之敵對情況。

彼等已商獲協議，現並致力復員龐大軍隊，統編所餘軍隊為國軍。彼等已同意完成本國政治及經濟進步之基本原則，而西方民主國家完成此類進步則係以若干世紀之時能易得之也。

吾人如欲獲得和平（世界如欲獲得和平），則中國目前努力必需成功實有迫切之理由，中國努力之成功大部分有賴於其他國家之行動。中國如被忽視，或如遭遇妨礙其統一發展及目前願望之企圖，彼等之努力則定將失敗。

余信美國於目前最能予中國以物資援助。余深信美國人民對於中國表示同情之關切，然余不確知美國人民及其政治領袖是否了解吾人如盼於太平洋繼續維持和平，中國目前致力促進團結及經濟穩定努力之成功，對於美國實極重要。……

然余需謂中國之穩定政府對吾人有重要關係，余現用重要一字，係本其正確含義以言，今後數月對於中國人民極為重要，余信對於未來世界和平亦極重要。

余用數月一詞，係採其較長久意義，意即亦可能為若干年之謂也。亞洲各穩定政府之建立，對於吾人極為重要，遑論其對一般人民及對有如中國人民於過去數十年備嘗困苦之人民重要矣。[54]

馬歇爾將軍指出，在華美軍逐漸減少，在平津地區的海軍陸戰隊已縮減至三萬人，並將更進一步縮編。

---

54 “General Marshall’s Statement on China”, *New York Times*, March 17, 1946.

在談到東北時，馬歇爾將軍將局勢描述為「極端嚴重」。他彙報說，由美國訓練的國軍正由美國提供的設備運往東北，但他還不清楚當地情況，也不知道蘇軍在該地的動靜。他聲明中給人的印象是，東北幾乎成了政治無人區，除非國共能就東北達成具體的協議，否則蘇軍一旦撤離，他們會立即為這片廣袤富饒領土的控制權而開戰。[55]

在華盛頓，馬歇爾將軍度過忙碌的一個月。除了與華盛頓當局審查和討論他使華的任務之外，還爭取向國民政府提供重大貸款。二戰結束後，國民政府曾向美國進出口銀行提出信貸申請，但美國政府推遲回應。早在 1 月，馬歇爾將軍就曾向美國政府建議，以美援為談判籌碼迫使國民政府做出讓步，在取得令人滿意的政治進步證據之前，暫停對中國的任何重大財政援助。這個建議擊中了國民政府的要害。為了向美國尋求財政經濟援助，國民黨表面上願意與中共在談判中和解。停戰協議、政治協商會議決議，以及軍隊整編方案，確實為和平解決中國內戰奠基。但是當國民黨明顯違反了這些協議，美國仍然決定向國民政府提供信貸。3 月 19 日，根據馬歇爾將軍和國務院的建議，進出口銀行宣布批准提供中國總額六千六百八十萬美元的多項信貸。4 月，根據馬歇爾將軍的建議，進出口銀行撥出五億美元作為可能向中國提供的延伸信貸，在 1947 年 6 月 30 日之前均有效。[56]

美國向國民政府提供貸款，引起了中共和民盟的反對。民盟指責國民黨當局急於獲得美國貸款，以加強一黨統治，重啟內戰。[57] 4 月 4 日，周恩來將軍發表聲明，稱在國民政府沒有按照

---

55 “General Marshall’s Statement on China”.

56 *United States Relations with China*, 226.

57 *New York Times*, March 30, 1946.

政治協商會議決議所設想的民主聯合路線進行改組之前，美國不應向國民政府提供外援，並警告說，援助目前的國民黨政府，「只會增加中國國內的不安混亂和苦難，便利一黨獨裁。中國人民和中國共產黨不歡迎這種幫助。希望盟邦應依據杜魯門總統聲明及三國公告原則，幫助中國結束訓政，走上民主，在這時來幫助中國，方有裨益於中國人民。」[58] 4 月 19 日，七十五位華人知名教授和政治自由派人士致函美國國會「贏得和平委員會」（Win-the-Peace Committee），他們強烈建議，認為在有代表性的聯合政府成立之前，美國向中國提供貸款是不可取的。[59]

在馬歇爾將軍回美京述職的一個月期間，中國發生一系列事件，威脅了所有馬歇爾將軍幫助達成的國共協定。其中，二十多萬國軍在湖北包圍了六萬共軍；[60] 廣東國民黨當局拒絕承認共軍游擊隊的地位及軍事調處執行部在當地的權威；國民政府未能按照 1 月 10 日停戰協議的要求向軍事調處執行部報告其軍隊的動向；多架國軍軍機空襲延安機場。[61] 最嚴重的是，國共兩軍開啟了爭奪東北的激戰。4 月 8 日〔編註：應為 7 日〕，中共駐重慶代表團在延安《解放日報》發表社論，點名批判蔣介石委員長。社論指出，「蔣介石撕毀東北停戰協定，從新向全國宣布大規模的內戰；撕毀政治協商會議決議，從新向全國宣布獨裁。」當天，軍事三人小組未能制定出一個解決方案來阻止正在蔓延的東北武裝衝突。[62]

---

58 *New York Times*, April 5, 1946.

59 *New York Daily Worker*, May 18, 1946.

60 *Boston Christian Science Monitor*, May 13, 1946.

61 *United States Relations with China*, 151.

62 *New York Times*, April 9, 1946.

就在這時，馬歇爾將軍在夫人的陪同下匆匆趕回中國。4 月 17 日，馬歇爾將軍飛抵北平，從剛剛前往瀋陽視察的吉倫中將那裡得到了東北局勢日益危急的第一手報告。他還與饒柏森代辦和軍事調處執行部的其他成員商談。第二天，馬歇爾將軍夫婦便前往重慶。[63]

史迪威將軍得知馬歇爾將軍在中國面臨的困難後，於 1946 年 4 月 16 日寫道：

> 喬治・馬歇爾不是能在水上行走的超人。我恨不能扔下我的鐵鏟，扛上一支步槍，趕到那裡和朱德將軍並肩作戰。[64]

63 *New York Times*, April 18, 1946.

64 As quoted by Israel Epstein in *The Unfinished Revolution in China*, 385.

第 6 章　爭搶東北

一、《雅爾達協定》與 1945 年的《中蘇友好同盟條約》

當馬歇爾將軍再次抵達中國，國共兩軍在東北的衝突已經爆發為公開的戰爭。實現和平的僵局導致東北的軍事衝突；東北之爭又反過來擴大國共之間的鴻溝。由於東北所處的國際格局，爭搶東北不僅成為國共衝突中的緊迫問題，而且成為美蘇關係的棘手難題。

在討論《雅爾達協定》和 1945 年的《中蘇友好同盟條約》之前，有必要簡單回顧一下東北的歷史。在過去的半個世紀，東北一直是遠東國際衝突的演練場。1895 年甲午戰爭後，清廷求助於沙俄，以遏制日本的威脅。1896 年，在北洋大臣李鴻章訪問彼得格勒參加沙皇尼古拉二世（Tsar Nicholas II）加冕典禮期間，中俄簽訂了《中俄密約》，俄國獲得修建中東鐵路的權利。兩年後，俄國從中國手中獲得旅順和大連港的租借權，以及修建南滿鐵路的權利。為維護在東北均等的商業權利和特權，美國宣布對華「門戶開放」政策。1904 年日、俄為了東北控制權而開戰。根據《樸茨茅斯條約》，俄國將旅順、大連港的租借權和南滿鐵路的所有權轉讓給日本，但兩國都承諾將東北其餘部分完全由中國專屬管理。[1] 布爾什維克革命後，蘇聯分別於 1919 年 7 月和 1920 年 10 月宣布願意放棄沙俄從中國獲得的一切特殊利益和特權。1924 年 5 月 31 日，中蘇兩國簽訂解決兩國間問題的總

1　For the full text of the Treaty of Portsmouth, see Appendix I in Harriet L. Moore, *Soviet Far Eastern Policy, 1931-1935* (Princeton, 1945), 151-155.

原則協定，除其他事項外，雙方宣布中東鐵路將成為一家純商業企業。[2] 由於當時北京政府並未實際控制東北，1924 年 9 月 20 日，蘇聯又與當時的奉系軍閥張作霖簽訂一項協定，中東鐵路在中蘇聯合管理下運營，直到 1931 年日本揮軍占領東北。

日本占領東北後，蘇聯在該地區仍持有利權。1932 年 10 月發表的國聯李頓委員會報告稱，雖然無法獲得直接資訊估算蘇聯在東北的利益，但不能忽視沙俄曾扮演過的角色，也不能忽視蘇聯作為中東鐵路擁有者，以及北滿和東北邊界擁有者的利益。「故解決滿洲問題時倘若忽略蘇俄之重大利益，則此項解決必將引起將來和平之決裂，且不能持久，事極顯然。」[3] 1935 年 3 月，蘇聯將中東鐵路的所有權賣給了日本及其在東北的傀儡政權「滿洲國」。

抗戰初期，蘇聯對中國的援助激起日本的敵意和抗議。1938 年夏，日蘇兩國爆發了嚴重的邊界衝突，即「張鼓峰事件」。[4] 1939 年 6 月，蒙滿邊境發生「諾門罕事件」。[5] 在這兩場戰役中，日蘇兩軍都以大砲、戰車和飛機投入戰鬥，雙方傷亡慘重。1941 年 4 月 13 日，作為避免與三國同盟聯合力量正面對抗的防禦措施，蘇聯與日本簽訂《日蘇中立條約》。但該條約只是避免日本加入德國和義大利對蘇聯的進攻，絲毫沒有緩解兩國之間的緊張關係。日本訓練有素的關東軍超過五十萬人，長期駐紮在東北以備不時之需。在抗戰期間，關東軍一直保持著實力。此外，

2 For the full text of the Sino-Soviet Agreement of 1924, see Moore, *Soviet Far Eastern Policy, 1931-1935*, 156-164.

3 *Report of the Commission of Enquiry (The Lytton Report) of the League of Nations* (Geneva, 1932), 129-130.

4 Moore, *Soviet Far Eastern Policy, 1931-1935*, 98-101.

5 Moore, *Soviet Far Eastern Policy, 1931-1935*, 112-115.

這支部隊自給自足，自主指揮並擁有獨立的後勤系統。人們相信，即使日本列島被盟國攻占，這支部隊也能繼續在中國土地上頑強作戰。

日本偷襲珍珠港後，同盟國和軸心國展開了全球戰爭，只是蘇聯和日本之間還受到《日蘇中立條約》的微妙約束。然而，美國希望將蘇聯拉進對日戰爭。於是在 1943 年 8 月的魁北克會議產生一份題為「俄羅斯的立場」的軍事文件，部分內容如下：

> 關於和俄羅斯的關係，美國必須考慮的因素是太平洋戰爭。有俄羅斯作為對日戰爭的盟友，戰爭可以在較短的時間內結束，人員和資源的代價會較小。如果沒有俄羅斯，情況就會不一樣。如果在太平洋戰爭中。俄羅斯不友好，或消極，那麼困難處將無可估量地增加，作戰行動可能會流產。[6]

這份軍事文件顯然對盟軍戰略的形成有著重大影響。但是，邀請蘇聯對日本開戰，就必須考慮到中蘇關係和東北問題。在 1943 年 11 月下旬的開羅會議上，羅斯福總統與蔣介石委員長討論了中國內戰和中蘇關係，得到蔣委員長的同意，在不損害中國主權，以及蘇聯願意在遠東與中國合作的前提下，將大連設為自由港。[7] 幾天後，在德黑蘭會議期間，史達林元帥告訴羅斯福總統與邱吉爾首相，蘇聯將會參加對日作戰。[8] 與此同時，大連港的國際化問題，以及蘇聯使用東北鐵路的可能性問題，也有非正式的

6　Robert E. Sherwood, *Roosevelt and Hopkins: An Intimate History* (New York, 1948), 748-749.

7　見本書第二章關於開羅會議的內容。

8　Edward R. Stettinius Jr., *Roosevelt and the Russians: The Yalta Conference* (New York, 1949), 91.

討論。[9]

1944 年 6 月，美國副總統華萊士訪華期間，蔣委員長敦促美國斡旋促進中蘇關係，獲得羅斯福總統的認真考慮。[10] 10 月，美國駐蘇聯大使哈里曼和駐莫斯科武官約翰・迪恩將軍（John R. Deane）與史達林會面討論遠東問題。史達林表示，蘇聯將在德國最終崩潰的三個月之後與日本開戰，但是必須先與中國達成協議。[11] 羅斯福總統和陸軍部交給哈里曼大使的任務，就是查明將蘇聯帶入太平洋戰區的條件。到雅爾達會議召開之時，美蘇雙方已就此問題達成具體諒解。[12]

1945 年 2 月 4 日至 11 日，羅斯福總統、邱吉爾首相和史達林元帥在各自的外交和軍事成員陪同下，在克里米亞雅爾達的沙皇宮殿舉行歷史性的會晤。除卻其他事項外，蘇聯加入太平洋戰爭一事也被充分討論了。盟國的全球戰略要求蘇聯參與對日戰爭，當時原子彈還處於試製階段，歐洲盟軍剛剛在德軍的反攻中受挫，誰也無法預測這場戰爭會持續多久，會犧牲多少生命。在太平洋地區，美軍正在對日本控制的島嶼發起艱苦的進攻。據估計，日本仍有五百萬軍隊，其中二百萬以上在朝鮮、東北、中國本土和臺灣。美國制定的戰略計畫，是以大約五百萬兵力，在 1945 年 11 月 1 日進攻日本本土。據估計，即使計畫能順利實施，僅美國一國也將承擔百萬傷亡，而且軍事行動最快要到 1946 年下半年才能結束，但日軍還極可能在遠東大陸繼續頑抗。[13] 人們

---

9 *United States Relations with China*, 113.

10 見本書第二章關於美國副總統華萊士訪華的內容。

11 〔註腳闕漏〕

12 〔註腳闕漏〕

13 Stimson and Bundy, *On Active Service in Peace and War*, 618-619.

假設，如果在美國進入日本本土之前，蘇聯能夠加入太平洋戰爭並牽制大部分日本軍隊，這將拯救無數美國人的生命並縮短戰爭期程。因此在雅爾達會議上，包括馬歇爾將軍在內的美國軍方將領向羅斯福總統施加了巨大壓力，要求將蘇聯帶入太平洋戰爭。他們堅認：「一旦蘇聯具備了參戰能力，並且在不妨礙我們主力抗擊日本的前提下，已準備好提供最大援助，那麼我們希望俄羅斯儘早參戰。」[14]

中國的內戰和美國對華政策也被納入雅爾達會議的議程，國務卿斯退丁紐斯給羅斯福總統的建議行動備忘錄中，有關於中國的內容：

> 為了實現國共合作，我們應該尋求蘇聯和英國的支持。……兩個集團之間的合作將加快遠東戰事的結束，並防止可能出現的國內衝突和外國干預。[15]

在雅爾達，羅斯福總統和史達林元帥詳細討論蘇聯參加太平洋戰爭的問題。即使在三巨頭的全體會議上，他們討論的要點也被嚴格地保密。羅斯福總統的大部分外交和軍事助手對這些會談的內容一無所知，就連邱吉爾首相也沒有出席另外兩位巨頭的討論。在討論過程中，史達林元帥告訴羅斯福總統，要讓蘇聯參與對日戰爭有正當理由，就必須讓俄國人在遠東獲得某些讓利。如果沒有這些讓利，就很難向最高蘇維埃和俄羅斯人民解釋為什麼他們必須參加這場太平洋戰爭。[16] 1945 年 2 月 11 日，羅斯福總

14 Stettinius, *Roosevelt and the Russians: The Yalta Conference*, 90-91.

15 Stettinius, *Roosevelt and the Russians: The Yalta Conference*, 85-87.

16 Stettinius, *Roosevelt and the Russians: The Yalta Conference*, 92.

統、邱吉爾首相和史達林簽署了下列祕密協定：

> 蘇、美、英三強領袖業已議定蘇聯於德國投降後之二、三個月及歐洲戰爭結束時，將協助中國對日宣戰，其條件為：
>
> （一）外蒙人民共和國之現狀態應加以保存；
>
> （二）蘇聯應恢復以前俄羅斯帝國之權利，此權利因 1904 年日本之詭譎攻擊而受破壞者：
>
> 甲、南庫頁島及其毗連各島應歸返蘇聯，
>
> 乙、大連商港應闢為國際港，蘇聯在該港之優越權利應獲保障，旅順仍復為蘇聯所租用之海軍基地，
>
> 丙、中東鐵路以及通往大連之南滿鐵路，應由中蘇雙方共組之公司聯合經營，蘇聯之優越權利應獲保障，中國對滿洲應保持全部主權；
>
> （三）千島群島應割於蘇聯。
>
> 為上述關於外蒙、旅順、大連，以及中東、南滿兩鐵路諸點，必徵得中國蔣主席之同意，羅斯福總統將依據史達林元帥之意見，採取措施，以獲得蔣主席之同意，三強領袖業已議決，蘇聯所提要求於日本被擊敗後必予實現，蘇聯則準備予中國國民政府締結中蘇友好條約，俾以其武裝部隊，協助中國解放中國所受日本之束縛。[17]

這份題為《關於日本的協定》的祕密文件，是在中國不知情，也未事先同意的情況下簽署的。他們擔心如果協定內容洩露，日本可能會提前對蘇聯發動進攻，從而打亂盟軍在遠東的

---

17 *United States Relations with China*, 113-114.

戰略計畫。該協定的美國副本委託給海軍上將李海（William D. Leahy）保管，存放在他白宮的祕密檔案中，[18] 直到 1946 年 2 月 11 日才公諸於世。

雅爾達會議結束後，蘇聯將其軍隊從歐洲戰場橫越西伯利亞，轉移到遠東。1945 年 4 月 5 日，蘇聯政府宣布退出《日蘇中立條約》。歐洲勝利日（V-E day）之後，蘇聯箭在弦上，進入了太平洋戰爭。

羅斯福總統去世後，杜魯門繼任，他派遣霍普金斯（Harry Hopkins）訪問莫斯科。5 月 28 日，霍普金斯和史達林元帥討論遠東問題時，史達林堅定表示蘇聯將於 8 月參戰。他重複在雅爾達的聲明，希望中國成為統一穩定的國家，並明確保證蘇聯對中國任何地區，包括東北和新疆，都沒有領土要求，如果蘇軍進入中國領土與日本作戰，他們將尊重中國的主權。他希望國民政府派遣代表和蘇軍同時進入東北，以協助在當地建立中國民政機構。為落實《雅爾達協定》的條款，蘇聯領袖表示願意與時任國民政府行政院院長兼外交部部長宋子文直接談判，也期待美國與蔣委員長作相應的直接談判。[19] 6 月 9 日，杜魯門總統指示赫爾利大使向蔣委員長通報《雅爾達協定》的條款。6 月 14 日，杜魯門將史達林元帥與霍普金斯的談話轉達給當時人在華盛頓的宋子文。[20] 在 7 月下旬的波茨坦會議上，杜魯門總統和史達林元帥也討論了蘇聯進入太平洋戰爭和中蘇關係等問題。[21]

在評價 7 月至 8 月的中蘇談判時，必須考慮中國的內部問

---

18 Admiral Leahy, *I was There*, 318.

19 Sherwood, *Roosevelt and Hopkins: An Intimate History*, 902-903.

20 *United States Relations with China*, 116.

21 Byrnes, *Speaking Frankly*, 204-205.

題。美國和國民政府都對蘇聯和中共之間的關係保持懷疑。人們認為，重慶和莫斯科之間的相互諒解，不僅是履行《雅爾達協定》所必需，對解決中國內戰也至關重要。7 月上旬，赫爾利向華盛頓報告，除非重慶和莫斯科之間能夠簽署蘇聯援助國民政府的協議，否則中共很難被勸誘同意加入國民政府。[22] 顯而易見地，為了買通蘇聯，國民政府已經準備付出高昂的代價。

從 7 月的第一週開始，宋子文在莫斯科與史達林元帥和莫洛托夫談判。不過由於波茨坦會議而中斷，延至 8 月上旬，才由新任國民政府外交部部長王世杰接替宋子文擔任中國首席全權代表繼續進行。美國密切關注談判的進展，認為即將達成的中蘇協議應嚴格、無偏差地遵循《雅爾達協定》，並指望在正式締結這個協定之前能與美國進行磋商。8 月 10 日，在美國政府的指示下，哈里曼大使正式通知宋子文，並將此記錄在案，如果中國超出《雅爾達協定》的條款對蘇聯作出任何新的讓步，美國將把這些讓步視為國民政府正在「尋求蘇聯在其他領域的支持」。宋子文表示默許美國的立場。[23]

8 月 14 日，即蘇聯對日宣戰以及蘇軍進入東北的六天之後，《中蘇友好同盟條約》及相關協定在莫斯科簽署。根據條約第五條，中國和蘇聯同意「在和平再建以後依照彼此尊重主權及領土完整與不干涉對方內政之原則下，共同密切友好合作」。[24] 在雙方互換的照會中，蘇聯政府同意，將完全在道義和軍事上支持作為中國中央政府的國民政府，重申東三省為中國之一部分及中國

22 *United States Relations with China*, 99-100.

23 *United States Relations with China*, 116-117.

24 For the full text of the Sino-Soviet Treaty of Friendship and Alliance, August 14, 1945, see *United States Relations with China*, 585-587.

對東三省的充分主權，重申尊重中國領土與行政權之完整，並重申無意干涉中國內政，包括新疆問題。[25] 關於外蒙古，中國政府聲明，如果外蒙古公民用公投確認他們的獨立願望，中國政府當承認外蒙古依其現有疆界之獨立。另一方面，蘇聯政府表示將尊重蒙古人民共和國（外蒙）之政治獨立和領土完整。[26] 根據《關於大連之協定》，國民政府同意宣布大連為一自由港，對各國貿易及航運一律開放，但大連之行政權屬於中國。規定大連在和平時期不屬於旅順協定所定之海軍管轄範圍，但在對日作戰時，大連應受軍事監督或控制。國民政府超越了《雅爾達協定》的條款，將大連港口工事及設備之一半無償租與蘇方。[27] 根據《關於旅順口之協定》，中華民國政府同意旅順港作為純粹海軍根據地，僅由中、蘇兩國軍艦及商船使用。中國政府將旅順的防務委託給蘇聯，但保留整個地區的民政管理權。[28] 關於東北鐵路，締約雙方同意，中東鐵路及南滿鐵路的主要幹線合併成為一鐵路，定名為「中國長春鐵路」，應歸中華民國及蘇維埃社會主義共和國聯邦共同所有與共同經營，應在中國主權下由一單獨機構辦理，並為一純粹商業性質之運輸事業。[29] 協定期限定為三十年。[30]

---

25 For the full text of the Exchange of Notes between Wang Shih-chieh and Molotov, August 14, 1945, see *United States Relations with China*, 587-588.

26 *United States Relations with China*, 588-589.

27 For the full texts of the Agreement and Protocol concerning Dairen, see *United States Relations with China*, 589-590.

28 For the full texts of the Agreement on Port Arthur and its Appendix, see *United States Relations with China*, 590-592.

29 For the full text of the Agreement concerning the Chinese Changchun Railway, see *United States Relations with China*, 593-596.

30 1950年2月14日，蘇聯政府和中華人民共和國中央政府宣布，1945年8月14日簽訂的《中蘇友好同盟條約》及相關協定無效。作為毛澤東主席和周恩來總理訪問莫斯科的成果，中華人民共和國與蘇聯於1950年2月14日簽訂了《中蘇友好同盟互助條約》及相關協定，取代1945年的舊約。根據新約

8 月 14 日的《中蘇友好同盟條約》及相關協定，實質上是美蘇之間的條約。[31] 由於美國在雅爾達會議上的角色，以及美國對國民政府的保護，早已為這些協定製作了框架。

二、蘇聯占領東北

蘇聯於 1945 年 8 月 8 日參加對日作戰，六天之後日本投降，其時蘇軍已粉碎了日本「關東軍」的抵抗，並占領東北的主要城市和鐵路幹線。

日本的「枷鎖」被打破，東北人民站起來了。從種族、文化和情感上來說，東北人民總體上與生活在關內的同胞一樣，是中國人。他們抱怨國民政府，在日本 1931 年占領他們的家園時，拋棄了他們。在日本占領期間，他們為恢復中國主權而鬥爭；而日本投降後，蔣介石委員長拒絕釋放自「西安事變」以來一直被關押的老總司令張學良，而是任命了被視為「外省人」的官員來管理他們，這讓他們感到非常失望。在他們看來，那些發國難財的國民政府官員只是將新收復的領土當成殖民地，他們唯一追求的就是榨取利益，更惹怒了東北居民。

的規定，中華人民共和國和蘇聯「共同盡力採取一切必要的措施，以期制止日本或其他直接間接在侵略行為上與日本相勾結的任何國家之重新侵略與破壞和平。一旦締約國任何一方受到日本或與日本同盟的國家之侵襲因而處於戰爭狀態時，締約國另一方即盡其全力給予軍事及其他援助」。根據《關於中國長春鐵路、旅順口及大連的協定》，蘇聯同意，一俟對日和約締結後，但不遲於 1952 年末，蘇聯軍隊即自共同使用的旅順口海軍根據地與大連撤退，並將該地區的設備移交中華人民共和國政府，將共同管理中國長春鐵路的一切權利以及屬於該路的全部財產無償地移交中華人民共和國政府。關於外蒙古，中華人民共和國承認 1945 年公投確認的蒙古人民共和國獨立。蘇聯和中華人民共和國也透過簽署新約廢除了《雅爾達協定》。有關 1950 年 2 月 14 日簽署的《中蘇友好同盟互助條約》的全文，參見 *New York Times*, February 15, 1950。

31 Owen Lattimore, “Our New Frontier with Russia”, in *Colliers* Magazine, November 3, 1945.

在日本占領東北期間，中共領導的游擊隊在周保中將軍領導下開展活動。蘇軍進入東北後，中共派出經驗豐富的戰士去聯絡他們在該區的地下戰友。八路軍和新四軍穿越華北平原，渡過渤海進入東北。他們用一路繳獲的日本武器和軍用物資，包括戰車和大砲，裝備自己。這些共軍與東北武裝力量合併為「東北民主聯軍」。1946年春，「東北民主聯軍」的兵力估計達三十萬人。中共透過改善民生和使人民參與地方政府的努力贏得了東北人民的支持。[32] 在國軍主力抵達東北之前，共軍已經控制大部分地區，影響力正在穩步擴展。東北人將中共視為親人與解放者般地歡迎他們。

國民政府以恢復中國主權為名，透過美國提供的交通工具，派遣美械軍隊前往東北。然而，蘇聯拒絕讓國軍使用大連港作為進入東北的入口，理由是盟國在技術上仍處於與日本的戰爭狀態，該港口處於軍事控制之下。這次封鎖延緩國軍進入東北的行動，也為中共在東北的鞏固壯大提供了時間。[33]

美國和蘇聯在中國的互動，終於在東北演化為衝突。美國負責將國軍送進東北。當國民政府試圖推行軍事接管和消滅共軍勢力的政策時，美國正尋求透過國民政府在該地的控制，建立對蘇聯的封鎖線。儘管簽訂了《中蘇友好同盟條約》，面對著美國－國民政府聯盟，蘇聯則將其占領東北政策聚焦於影響國共關係之上。蘇聯為了本國國家安全及其在遠東的戰略利益，不願看到東北成為「一柄指向西伯利亞的匕首」。

蘇軍在東北約有二十萬人，原定於 1945 年 12 月 3 日前全部

---

32 *New York Times*, February 16, 1946.

33 *United States Relations with China*, 147.

撤出。由於國民政府無法在共軍抵抗下接管東北，便要求蘇軍在東北留駐至 1946 年 2 月 1 日。[34] 莫斯科三巨頭會議期間，蘇聯外長莫洛托夫曾向美國國務卿伯恩斯建議蘇、美同時從中國撤軍，但沒有確定具體的日期。[35] 1946 年 2 月 26 日，莫斯科電臺聲稱，大部分蘇軍已從東北撤退，並且表示蘇軍的撤離將會在「美國司令部確定美軍撤離中國的日期之前完成，至少不會晚於該日期」。[36] 3 月 6 日，國民政府正式照會蘇聯，要求紅軍撤出東北。蘇聯政府答覆說，已經正在撤離，並將於 4 月底完成。[37]

在軍事占領東北期間，蘇聯當局系統性地將大量日本的機器設備作為「戰利品」運走，其理由是這些工業設施曾被用以維持日本的戰爭能量。他們並沒有拿走一切，而是集中精力拆運最新、最有用的工業設備。在瀋陽，大約 35% 的工業設施被拆卸運走，[38] 如果無法運走，那就摧毀。被運走的機器估計總價值達二十億美元。[39] 這些設備的轉運，以及隨之而來的掠奪和內戰，造成巨大的經濟創傷，需要三到五年才能復原。然而，蘇聯聲稱東北的日資工業設備為「戰利品」似乎只是一個藉口，行動背後有著更深遠的政治和戰略考量。[40] 因為蘇軍已經準備撤離東北，美軍卻在華北持續駐紮，以及美國和國民政府在軍事接管東北方面的合作，引發蘇聯的疑慮。出於懷疑和恐懼，蘇聯當局

34 *New York Times*, December 28, 1945.

35 見本書第四章關於莫斯科三巨頭會議的內容。

36 As quoted by *New York Times*, February 27, 1946.

37 *New York Times*, March 24, 1946.

38 *Boston Christian Science Monitor*, March 25, 1946.

39 *New York Times*, July 25, 1946.

40 See Edwin W. Pauley's General Summary of "Report on Japanese Assets in Manchuria", annexed in *United States Relations with China*, 598-604.

洗劫了東北的工業設備，以防這些經濟設施落入對抗蘇聯的敵人之手。這種預防措施，以及蘇軍沒有留駐的意願，似乎暗示蘇聯預測最終會拿下東北的是國民政府，而不是中共。

3 月 14 日，六十二位美國政界和社會賢達，包括海軍上將哈利・亞內爾（Harry E. Yarnell），國會議員周以德（Walter H. Judd）、魯斯（Clare Boathe Luce），美國勞工聯合會主席威廉・格林（William Green）和美國社會黨領袖諾曼・湯瑪斯（Norman Thomas），發表《滿洲宣言》。他們譴責《雅爾達協定》支持國民政府，聲稱東北是中國的試驗場：「美國五十年來在太平洋地區的安全基石，就是維護門戶開放和中國領土完整的官方政策。難道我們要在比以往更需要它，在戰勝後更能實現它的時候，放棄它嗎？」[41] 這些所謂的各界先進們，公開斷言美國帝國主義的目標就在中國。

在《中蘇友好同盟條約》的談判期間及簽署之後，美國的確曾要求中蘇政府發表聲明，確認他們在中國（包括東北在內）堅持「門戶開放」政策，但中蘇雙方都不願意採取這樣的行動，這件事情也就不了了之。1946 年初，美國政府因為獲悉蘇聯接近中國是為了共同管理東北的工業組織，因而感到不安。2 月 9 日，國務卿伯恩斯向中蘇兩國政府遞交了相同的照會，宣稱擬議的中蘇對東北工業企業的獨家控制將違反「門戶開放」原則，將造成對美國參與東北工業發展的歧視，並可能使美國在東北的商業利益處於明顯的劣勢。在同一份照會中，美國堅持認為，如何處置日本在東北的產業，涉及盟國共同的利益，因為是眾多盟國

41　*New York Times*, 15, 1946.

在擊敗日本中發揮了主要作用。[42]

國民政府在回覆美國照會時透露，它於 1 月 21 日收到蘇聯政府的備忘錄，其中蘇聯宣稱將所有在東北為日軍提供過服務的日本企業，都視為蘇軍的「戰利品」，但兩國政府並未對此達成一致意見。國民政府在同一份答覆中表示，中國不能同意蘇聯關於在東北聯合經營某些工業組織的提議，因為這超出《中蘇友好同盟條約》和相關協定。[43]

日本人在東北建立的工業組織，是掠奪東北自然資源和廉價勞動力的結果。從道義上講，東北的工業架構當屬中國人民的財產。其後，蘇聯於 1950 年 2 月 14 日修改了對此事的立場。[44]

三、長春戰事與國共關係的惡化

蘇軍撤出東北之前，國共各自派出軍職和文職人員前往東北，待命接管蘇聯撤離的地區。中共透過自己的方式進入東北，國民政府官員則乘坐美國提供的飛機和船隻。

1946 年 1 月 10 日的國共停戰協議要求在全國範圍內一律停止軍事衝突，同時規定所有軍隊駐留原地，但並不阻止國軍為恢復中國主權而進入東北，或在東北活動。在這項條款的支持下，國民政府決定突破任何約束它在東北自由軍事行動的限制，並努力實現完全控制該地的計畫。然而，正是在爭奪東北控制權的戰

---

42 See the U.S. State Department notes of February 9, 1946, concerning Soviet removals, annexed in *United States Relations with China*, 596-597.

43 See Chinese Government's reply to the American note of February 9, 1946, *United States Relations with China*, 597-598.

44 1950 年 2 月 14 日，中華人民共和國與蘇聯締結了新的《中蘇友好同盟互助條約》。同日，雙方全權代表周恩來與維辛斯基換文，蘇聯政府將蘇聯經濟機關在東北自日本所有者手中所獲得之財產無償地移交中華人民共和國政府。參見 *New York Times*, February 15, 1950。

鬥中，國民政府元氣大傷，軍威受到最嚴重的打擊。

馬歇爾將軍認為，軍事調處執行部的管轄權應擴及東北，使該地潛在的國共衝突得以調和與管控。1月24日，在接到東北港口營口附近發生嚴重衝突的報告後，馬歇爾向軍事三人小組的國共代表建議，指示軍事調處執行部立即派遣執行小組前往，並根據停戰協議的規定，由軍事三人小組指導，軍事調處執行部實施，在東北採取進一步行動。[45] 雖然中共表示贊成，但國民政府不同意。2月20日，馬歇爾將軍再次建議派執行小組前往東北，但這一努力也因國民政府的反對而未果。然而在3月11日，就在馬歇爾將軍離開重慶飛往華盛頓之前的幾個小時，儘管蔣委員長還有不少保留意見，他終於說服蔣委員長同意向東北派遣執行小組。但軍事三人小組直到3月27日才達成共識，向軍事調處執行部發出執行指示。[46] 國民政府堅決反對派遣執行小組進入東北，使人相信國民黨當局不願它在東北打擊共產黨的軍事行動受到任何限制。由此看來，國民政府似乎只將1月10日在關內停止軍事衝突的停戰協議視為一項權宜之計，以等待時機聚集兵力，憑武力接管東北。

2月初，中共指示周恩來將軍與國民政府就東北問題開始談判，並警告任何解決僵局的拖延，都會導致和平破裂。[47] 中共要求國民政府接收東北的機構應該吸收國內各黨派、無黨派人士參加，還要求各級民政機構都應改組，使一切民主分子享有公平有效的代表權。2月21日〔編註：應為20日〕，《新華日報》指出，

---

45 See General Marshall's memorandum for General Chang Chun and General Chou En-lai, dated January 24, 1946, annexed in *United States Relations with China*, 638.

46 *United States Relations with China*, 145-146.

47 *New York Times*, February 6, 1946.

中共的訴求只是將政治協商會議決議實施於東北。[48] 然而另一方面，國民政府堅持在完成對該地的接管之前，不會考慮中共在東北的訴求。蔣委員長在國民參政會的一次講話中，公開宣稱他不承認中共領導的民主聯軍和東北各縣民主自治政府。他堅持在東北控制權轉移完成之前，各黨各派不應在東北製造政治問題，並指責中共阻礙中國在東北恢復主權。[49]

在恢復主權的藉口下，國民政府不斷加強向東北增兵，以消滅那裡的共軍，中共則對美國幫助國軍不斷向東北運送兵力提出強烈的抗議。4 月 2 日，周恩來將軍致信吉倫中將，除非美國停止進一步向東北運送國軍，否則中共將被迫認真考慮美國的立場究竟為何。周恩來將軍指責國民政府違反了 2 月 25 日的軍隊整編方案，為了打內戰，向東北派遣超過五個軍的兵力。[50] 然而，美國當局用與國民政府同樣的語氣回覆，國軍進入東北是得到 1 月 10 日停戰協議的准許，根據軍隊整編方案，國軍在東北不得超過五個軍的限制，要到十二個月期限結束後才生效。[51]

蘇聯開始從東北撤軍，正值國共陷入僵局，無法達成共識時。3 月 9 日，蘇軍開始從瀋陽撤離。儘管共軍在郊區巡守，國軍還是在 3 月 15 日占領瀋陽。[52] 國民政府要求蘇聯在撤離地點保留少量駐軍，等待國軍的到來，但遭到蘇軍拒絕。[53] 3 月 14 日，蘇軍撤出連結瀋陽與長春的鐵路樞紐四平街。幾乎在同一時間，共軍就占領這座戰略要城，並築起堅固的防禦工事，以阻擋

48 *New York Times*, February 22, 1946.

49 *New York Times*, April 2, 1946.

50 *New York Times*, April 3, 1946.

51 *United States Relations with China*, 149.

52 *New York Times*, March 10, 13, 1946.

53 *United States Relations with China*, 149.

國軍北進。

由於國民政府一再拖延，軍事調處執行部的執行小組直到 4 月 4 日才進入東北。但是執行小組在瀋陽機場降落後，小組中的中共成員就被國民黨當局關押。由於美國人的抗議，他們被釋放。[54] 國民政府顯然對自身在東北的軍事實力過於自信，在國軍控制所有的戰略要地之前，他們不願將停止軍事衝突的命令付諸實施。吉倫中將承認，軍事調處執行部的執行小組無力應對東北的軍事衝突，並向正從華盛頓返回中國途中的馬歇爾將軍報告了事態的嚴重性。[55]

4 月 14 日，周恩來將軍在重慶指責東北的國軍不斷對共軍發起攻勢。他強調，中共也是中國人，在東北恢復中國主權這件事情上，中共必須占有一席之地。中共不能承認國軍有權接管蘇聯撤軍後共軍已經占領的地方，還明確表示，鑒於國軍在東北的軍事挑釁，共軍認為他們有理由採取包括進攻瀋陽和長春在內的反擊行動。[56]

在此階段，東北的國軍約有二十三萬人，占據了從山海關經瀋陽到四平街的鐵路沿線，一個薄薄的楔形地帶。在某些地區寬達一百英哩，但到了瀋陽以北，只剩下沿著鐵路的一條窄線。國軍保安隊和文官經蘇聯當局許可得以留在長春，但東北其他大部分地區都已被中共控制。4 月 14 日，蘇軍撤離長春，民主聯軍司令林彪將軍成功地在四平街以南阻擊了美械的新一軍，並部署六萬至七萬人猛攻長春。4 月 17 日晚，也就是馬歇爾將軍回國的前一天，共軍占領長春。數千名國軍保安隊和文職官員或是隨

---

54 *New York Times*, April 5, 1946.

55 *New York Times*, April 13, 1946.

56 *New York Times*, April 15, 1946.

蘇軍撤離，或是被俘。[57] 哈爾濱和齊齊哈爾還在觀望蘇軍撤離，迅即它們也被中共接管了。

中共在長春的勝利驚動了國民政府，挫敗了國民政府可以僅靠國軍接管東北的假設。馬歇爾將軍在評估形勢後指出，國民政府本可以避掉許多困難，但目前形勢的惡化，是由於錯誤的判斷和「愚蠢」的行動。他向蔣委員長建議，停止讓東北的國軍向北推進，但蔣委員長決心用武力壓倒中共，並重新占領長春。儘管中共提出，只要武裝衝突停止，未來東北的軍事部署和地方政府改組問題可以透過談判解決，但蔣委員長堅持，任何協議的條款若不包含中共撤出長春，由國軍重新占領，他都不會簽署和同意，直到國民政府能完全控制東北之前，他都不能接受任何妥協。[58] 4 月 26 日，中共提出在東北「無條件休戰」，但未能得到國民政府的同意。4 月下旬，馬歇爾將軍與蔣委員長、周恩來將軍和民盟領導人會談許久，力圖打破僵局，仍然沒有達成任何協議。[59]

民盟認為，東北問題只是國共衝突的一小部分。要打破僵局，必須在東北實施政治協商會議決議。民盟在 4 月底已向國民政府、中共和馬歇爾將軍提交了一份提案供三方考慮。親國民政府的南京《新民報》披露，該提案包括以下幾點：

（a）無條件停戰；

（b）在大選之前維持東北「現狀」；

（c）根據 1946 年 2 月 25 日的軍隊整編方案整編東北軍隊；

（d）停止由美國協助運送國軍進入東北；

---

57 *New York Times*, April 13, 21, 1946.

58 *United States Relations with China*, 149-153.

59 *New York Times*, April 28, 1946.

（e）美軍從華北撤出，以國軍的二個師取而代之。[60]

民盟敦促中共從長春撤軍，同時要求國民政府停止在東北的軍事行動，放棄「軍事接收」的計畫。民盟建議立即組建東北地方聯合政府，並聲稱只有這樣才能解決東北問題。[61] 中共非常願意接受這些建議，但國民政府則表示拒絕，理由是這些措施將使中共在東北處於有利地位。

5 月 3 日，周恩來將軍重申，中共仍主張在全面解決東北問題的談判之前，先「無條件停戰」。為了回應蔣委員長的徵詢，馬歇爾將軍建議，作為進入談判之前停止敵對行動的基礎，先達成一項解決東北問題的妥協方案，即共軍撤出長春，由軍事調處執行部的一支先遣隊負責管理，等待國軍前往占領。馬歇爾將軍的看法給蔣委員長留下印象：「國民政府在東北的軍事地位薄弱，而中共在那裡有戰略優勢。國民政府為實現和平而妥協所造成的心理效果，不會損害政府的威望，而是會表明蔣委員長正在盡一切努力促進和平。利用軍事調處執行部的人員管理長春，這個建議會增強蔣委員長在爭取和平上的公信力。必須儘快達成某種最後妥協，否則中國將面臨軍事、財政和經濟上的混亂局面。」[62] 5 月 13 日，馬歇爾將軍向周恩來將軍提出同樣的建議。在延安中共總部的授權下，周恩來將軍答覆，中共同意從長春撤軍，同意軍事調處執行部先遣隊進入，並要求國軍停止進一步的軍事行動，但他也擔心，一旦這些條款得到履行，國民政府可能要求共軍再撤出哈爾濱等其他城市。[63]

---

60 *New York Times*, April 30, 1946.

61 "The Chinese Democratic League", 7.

62 *United States Relations with China*, 153.

63 *United States Relations with China*, 154-155.

談判還在艱苦進行的同時，國民政府卻集中兵力進攻長春的門戶——四平街，國共兩軍激戰持續一個多月，為控制四平街而展開七次拉鋸戰。5 月 19 日，共軍放棄這個據點。當國軍向長春全面進攻時，林彪將軍沒有抵抗就下令撤退。透過這種策略，共軍保持軍事實力，並使國民政府的斬獲變得沒有意義。[64]

5 月 23 日，國軍進入長春，蔣委員長乘坐馬歇爾將軍的專機飛往瀋陽。馬歇爾將軍曾斷言，國軍此時占領長春是不可取的，因為解決東北問題的實際方案正在與中共商討。蔣委員長對此表示同意，他此行到訪瀋陽的目的，是為了控制那裡的軍事將領。然而，蔣委員長真正想的似乎是鼓舞他在東北軍隊的士氣，擴大軍事行動的成果。就在啟程前往瀋陽之前，蔣委員長要求馬歇爾將軍向周恩來將軍轉達他認為要達成任何總協議的三個先決條件：

（1）中共不得阻礙中央政府修復全國鐵路，以表示其實行恢復交通協定之誠意；

（2）履行所訂之三種協定（即停止軍事衝突協定、整軍協定與恢復交通協定）；

（3）必須賦予仲裁者執行部美國代表有公斷與決定權，並予以解釋協定之權，如政府與中共代表爭執時，一經仲裁者決定，雙方均應照其判決之件，切實履行，不得託辭延誤。

周恩來將軍在回覆中指出，蔣委員長要求中共做出新的讓步，已經超出東北問題的範疇，但表示中共將努力和國民黨當局一起恢復交通，不反對實施軍隊整編方案。對於第三個條件，即

64 *Boston Christian Science Monitor*, May 27, 1946.

把最終決定權交給美國代表，他表示必須提交延安中央商議。[65]

國共在東北的衝突聚焦於長春。如果蔣委員長是出於善意，聲稱在重新奪回長春後將停止他在東北的軍事行動，那麼中共從長春撤軍就能為全面解決爭端提供機會。然而，在重新控制長春之後，蔣委員長拒絕發布停戰令，並將他的部隊指向哈爾濱和吉林，加劇局勢的嚴重性。受到軍事上收復長春的鼓舞，五名國軍高級將領李宗仁、白崇禧、陳誠、張發奎和顧祝同向蔣委員長遞交聯名請願書，敦促他在與中共談判之前，先用武力占領整個東北。[66] 在瀋陽，國民黨當局在全城張貼反共標語和口號，如「我們不要調解，我們只要消滅」。為了讓美國人留下印象，這些標語還是用英文寫的。[67] 5 月 29 日，周恩來將軍譴責蔣委員長親自指揮國軍在東北的軍事行動。[68]

四、馬歇爾將軍和東北不穩定的休戰

此時國民政府已遷回故都南京，從 5 月初開始，國共談判也從重慶移往南京。分給馬歇爾將軍作為官邸的，就是汪精衛政權時期的前德國大使館大樓。

5 月 23 日〔編註：應為 20 日〕，馬歇爾將軍就東北軍事衝突的嚴重形勢發表了如下聲明：

> 馬歇爾將軍每日就恢復東北和平事與中國各政黨代表及其他方面舉行商談，渠對於華北之嚴重局勢深為關切，現正盡力

---

65 *United States Relations with China*, 154-155.

66 *New York Times*, May 25, 1946.

67 Richard E. Lauterbach, *Danger from the East* (New York, 1947), 305.

68 *New York Times*, May 30, 1946.

> 設法使東北戰事不致拖延及華北，目前雙方所進行之宣傳運動，自必激動情緒，並有愈使若干急燥者釀成烽火燎原之可能，此項仇恨與猜忌之輕率宣傳，使目前之嚴重局勢益形加劇，並能導使中國人民遭受不幸之後果。執行小組之工作，因雙方在官兵間加強宣傳而至感困難，中國縱非完全制止衝突，而至少使其衝突局部化之努力，則多半有賴於此等執行小組之成功，各小組中之美方代表，正以堅定而公正之努力，應付不僅包括艱難而且甘冒生命危險之局勢，以謀改善現狀。[69]

此前，蔣委員長堅持以國軍重新占領長春為進一步談判和停止軍事衝突的先決條件。中共因此撤離，清除了談判的主要障礙，期望蔣委員長會遏制他的軍事行動。然而，對於和平解決僵局的前景來說，蔣委員長為期十一天的瀋陽之行是個災難。他在東北的出現恰逢國軍進入長春，讓人認為這些都是預先安排好展示軍事勝利的表演。在這個最關鍵的時刻，蔣委員長不在南京，也使談判變得極其困難。看上去他像是試圖避免與中共談判，並努力誇耀他的軍事斬獲。馬歇爾將軍透過電臺呼籲下令停止在東北的進攻行動，但蔣委員長拒絕，增加了中共對國民政府的怨恨和不信任。中共接受馬歇爾將軍從長春撤軍，並讓軍事調處執行部的先遣隊進入的妥協建議，以為國軍會停止進攻，東北問題會透過和平談判得到解決。但國軍的後續軍事行動，否定了這種可能，並使馬歇爾將軍作為公正調解人的角色受到嚴重質疑。此外，馬歇爾將軍為蔣委員長東北之行提供專機一事，也引起人們

---

69 As quoted by Lauterbach in *Danger from the East*, 335.

的懷疑，即美國特使與國軍對抗共軍的行動有緊密關係。[70]

蔣委員長訪問東北之際，馬歇爾將軍曾向蔣委員長建議在長春設立軍事調處執行部先遣隊並下達停戰令，並要求如果蔣委員長同意，就在抵達瀋陽後立即通知他。5 月 24 日，蔣委員長從瀋陽向馬歇爾將軍傳達他認為恢復和平的正式條件，並未提及派遣軍事調處執行部先遣隊進入長春，以及下達停戰的命令，而是要求執行 1 月 10 日的停止軍事衝突命令，因為這個命令允許國軍為恢復主權而進入東北，或在東北活動，還要求執行 2 月 25 日的軍隊整編方案。此外，他強調，中共要表現出對和平談判的誠意，首先必須清除華北交通的障礙，並再次提出將軍事調處執行部及執行小組的最終決定權歸於美國成員的建議，質疑馬歇爾將軍是否能保證中共履行協議的誠意。[71]

作為對蔣委員長 5 月 24 日電文的回應，馬歇爾將軍要求蔣委員長對其總計畫作出詳細解釋，並再次強調立即派遣軍事調處執行部人員進入長春的緊迫性，以及在和平談判之前停止軍事進攻、追擊或推進部隊的急迫性。馬歇爾將軍提醒蔣委員長，他在東北的軍事行動，以及多次不允許軍事調處執行部執行小組人員阻止衝突，已經造成可悲的結果。馬歇爾將軍敦促蔣委員長避免重蹈覆轍，還特別詢問，蔣委員長提及他在和平談判中的作用時使用「保證」一詞是什麼意思。5 月 29 日，馬歇爾將軍去信給人在瀋陽的蔣委員長，表示由於國軍在東北持續用兵，並且沒有任何制止衝突的行動，他作為調解人的角色會變得非常困難，可能很快就會徒勞無功。馬歇爾將軍還指出，蔣委員長在 5 月 24

70　*United States Relations with China*, 154-157.

71　*United States Relations with China*, 156.

日列出的恢復和平條件變得較前僵化。到 5 月底，蔣委員長已從瀋陽前往北平。5 月 31 日，馬歇爾將軍又再次去信，除了重複前面的內容之外，還表示最近事態發展已使他個人的誠信受到質疑。他堅持不懈、曉之以理，要求蔣委員長批准立即在長春設立軍事調處執行部執行小組，並下令立即終止國軍在東北的行動。蔣委員長卻拖延著不去完成這些要求，但向馬歇爾將軍保證，他在安排所有決定時，已考慮到馬歇爾將軍的難處，並正在盡其所能使馬歇爾的使命獲致成功。[72]

蔣委員長離開南京，故意回避直接談判，同時國軍在長春擴大戰績，在在表明蔣委員長對和談沒有誠意。由於馬歇爾將軍提出的調解方案要求共軍撤出長春，以換取國軍停止進軍，但國民政府在執行時出爾反爾，引起了中共對美國特使公正性的懷疑。就在蔣委員長東北之行期間，馬歇爾將軍不斷地與國共代表及民盟領袖會商，但仍未達成解決東北問題的協議。[73]

5 月 30 日，馬歇爾將軍在南京外國公墓陣亡將士紀念日演講中說道：

> 我們正在竭盡全力來阻止一場歷史上最悲慘的局勢之發展，我們要終結中國人之間的內戰。中國人已經經歷了八年的漫長戰爭，而這場艱苦卓絕的戰爭就是從中國土地上開始的。這似乎是命運的諷刺，一個經受戰火最久的民族，眼看著世界各地都恢復了和平，而他們卻還在戰爭踐踏的環境中受苦挨餓，並在更大災難的邊緣顫抖。一定不能這樣。

72 *United States Relations with China*, 156-157.

73 *United States Relations with China*, 157.

> 不要指望拼命的小修小補就能解決他們之間的分歧、猜疑、仇恨、怨懟，以及因戰局產生的邪惡情緒，這些都必須被拋棄。男人們必須挺身而出，為了中國人民的利益，特別是那些貧病交加的、正在為這場殘暴的衝突作出犧牲的婦孺。[74]

蔣介石於6月3日飛回南京〔編註：軍事委員會已於6月1日結束〕。馬歇爾將軍在與蔣介石商量之後，立即指示在長春設立軍事調處執行部先遣小組。由於中共的堅持和馬歇爾將軍的努力，蔣介石最終同意下令暫時停止國軍在東北的行動，為中共提供一段休戰期。他先提出休戰一週，但馬歇爾將軍建議延長至十天。在中共的要求下，休戰期最後被定為十五天。6月6日，蔣介石和中共分別向各自在東北的軍隊發出命令，從6月7日中午開始，十五天內停止一切推進、攻擊和追擊。蔣介石聲稱，透過休戰期，他給中共機會來表明他們對執行已簽署協議的誠意，並且，國民政府根據《中蘇友好同盟條約》接管東北主權一事，也不會受到損害。作為最後通牒，他要求中共在十五天的休戰期內與國民政府圓滿解決以下問題：

（1）東北軍事衝突完全停止之詳細辦法；

（2）完全恢復全國交通之詳細辦法及其進度；

（3）獲得確切之基礎，以便立即實施2月25日關於國內軍隊之復員整軍及統編之協定。[75]

蔣介石告訴馬歇爾將軍，這將是他與中共和平談判的最後努力。他向美國特使坦露他的意圖：如果這些問題不能滿意地解

74 *New York Times*, May 31, 1946.

75 Statement by Generalissimo Chiang Kai-shek on Temporary Truce Period in Manchuria, June 6, 1946, annexed in *United States Relations with China*, 641.

決，鑒於內亂造成的國內經濟困難，他會選擇對中共進行全面的軍事行動。

在駁斥國民政府聲稱有權接管東北主權時，中共堅持認定東北局勢已經改變，收回主權的問題已不復存在。既然蘇軍已經撤走，東北已經回到了中國人民手中，國民政府要從他們的同胞手中收回領土主權的想法便顯得荒謬。[76]

中共一直主張在全國範圍內（包括東北）實行無條件、無限制的停止軍事衝突。6 月 6 日，周恩來將軍宣布：「我們雖然擔心這十五天的短促，且談判中又必然要牽連到東北乃至全國性的政治問題，需要更多時間，但我們為不放棄任何機會以求和平之實現，故仍同意這一休戰十五天的辦法，並願盡一切努力，謀取談判成功。我們希望國民黨方面，能具最大誠意，使過去一切協議見諸實施，並使暫時休戰成為長期休戰，永遠停止進攻，以符合中國人民及世界友邦之要求。」[77]

在為期十五天的休戰期間，和平談判進行得非常艱苦緩慢，沒有就任何問題達成協定。「暫時休戰」的安排與「政治解決國家問題」的方案根本矛盾。國民政府同意「暫時休戰」，顯然意味著如果中共在指定期限內不接受條件，它將訴諸戰爭。事實上，東北休戰確實是短暫的。6 月 10 日，東北的國軍公然違反停火安排，恢復軍事推進。與此同時，山東的共軍發動反攻，奪取數座重要城市。[78] 更具破壞性的是，當和平談判在東北問題上仍處於僵局時，蔣介石於 6 月 17 日提出他的附加要求，讓馬歇

76 *New York Times*, June 3, 1946.

77 Statement by General Chou En-lai on Temporary Truce Period in Manchuria, June, 6, 1946, *United States Relations with China*, 642.

78 *New York Times*, June 12, 1946.

爾將軍轉交給中共首席代表。附加要求規定：

（a）共軍應在 1946 年 9 月 1 日前撤離熱河、察哈爾兩省；

（b）中共應允許國軍占領山東煙臺和威海衛兩港；

（c）共軍應該在 1946 年 7 月 1 日之前，撤離其在 1946 年 6 月 7 日中午之後取得的山東所有地區，並讓國軍立即進駐；

（d）國民政府將增派一個軍到青島，以允許美國海軍陸戰隊撤出；

（e）國民政府將增派一個軍增援天津，以允許美國海軍陸戰隊撤出；

（f）共軍應撤離指定的東北城市，包括哈爾濱、安東、通化、牡丹江和白城。[79]

馬歇爾將軍不評論，直接將這些條件轉達周恩來。在權衡蔣介石的附加要求後，周恩來將軍表示，完全無法接受這些過分苛刻的條件。他說：「這一要求等於說在整軍中把中共部隊趕出大城市及鐵道路線，將其分散包圍在小城市及鄉村中，以便於時機到來時，予以消滅。」[80] 他表示，除了在山東恢復 6 月 7 日中午之前的現狀之外，中共不會考慮其他任何要求。他進一步指出，6 月 6 日的停戰安排是專門針對東北的，根據 1 月 10 日停止軍事衝突的規定，關內現狀的恢復應以 1 月 13 日的國共原防為基礎。在一次關於和談僵局的談話中，馬歇爾將軍告訴蔣介石，除非大幅修改他的附加要求，否則中共似乎不可能接受這些條件。馬歇爾將軍也建議周恩來將軍將這些附加要求帶到延安與中共中央討論。周恩來將軍在與國民黨當局會談後，認為國民政府不妥

79　*United States Relations with China*, 160.

80　*United States Relations with China*, 160-161.

協的態度使他不宜前往延安。[81]

就在這萬分危急的時刻，一些國民黨將領和政客公開表示，只有動武才能圓滿解決問題，並大膽預言在三至五個月之內就能消滅中共。這些國民黨戰爭販子不但暴露出對局勢判斷的弱智，也加深了和平談判的僵局。在東北，林彪將軍宣稱：「如果國民黨停止進攻，和平就已在眼前。」他表示，中共對自己的軍事實力充滿信心，但為了人民的福祉，他們主張和平。[82]

馬歇爾將軍意識到，好戰的國民黨領導人嚴重低估了局勢的嚴重性。他知道，如果國民政府發動總攻，中國將不可避免地經歷一場長期且毀滅性的內戰。美國特使馬歇爾將軍向蔣介石表達了他對此事的看法，但國民黨好戰分子持續主張使用武力。[83]

為期十五天的東北休戰定於 6 月 21 日中午到期。6 月 20 日周恩來將軍敦促在和平談判結束之前，將終止關內和東北的所有軍事衝突定為無限期。[84] 馬歇爾將軍也要求蔣介石延長東北休戰的有效期限，以便為和平談判爭得更多時間。蔣介石同意將休戰延長至 6 月 30 日中午，但提出兩項額外要求：

（a）共軍必須在 7 月 1 日以前由膠濟鐵路兩側撤出；

（b）在 6 月 30 日截止日期之前，軍事三人小組及軍事調處執行部處理問題之程序，應以多數決定代替「全體一致決定」。[85]

國民政府建議，將軍事三人小組中的決定性投票權授予馬歇爾將軍，將軍事調處執行部及執行小組中的決定性投票權授予美

81 *New York Times*, June 18, 1946.

82 〔註腳闕漏〕

83 *United States Relations with China*, 161.

84 *New York Times*, June 21, 1946.

85 *United States Relations with China*, 161.

國成員。中共則持反對意見，理由是這樣的安排有悖於和談的基本精神。周恩來說，我們一直信任馬歇爾將軍，證據就是，我們前三個月在他的調解下達成了這麼多的協定，但信任馬歇爾將軍並不意味著他應該被賦予最終決定權。[86]

中共指責美國事實上早已作為國民政府的軍事盟友捲入中國的內戰，指出美國海軍陸戰隊在北寧路沿線保護國軍從中共手中奪取東北的控制權，而美國對國民政府的援助則加劇軍事衝突的激烈程度。[87] 6 月 24 日，毛澤東正式要求美軍迅速撤出中國領土，停止對國民政府的軍事援助。他聲稱，美國持續在華駐軍，已成為對中國人民的嚴重威脅，美援使國民黨獨裁政權能夠繼續對中共進行軍事打擊。並警告說，美國對國民黨一黨統治的進一步援助，不僅會把中國推入國家分裂和內戰的漩渦，還會損害中美兩國人民的友好關係。[88]

在東北休戰延長期間，由馬歇爾將軍擔任主席的軍事三人小組恢復正式會議。為了加強軍事調處執行部的職能，中共同意將停止敵對行動程序的最終決定權，以及解釋和執行決議的最終決定權授予軍事調處執行部及其執行小組的美國成員。但這個原則不適用於軍事三人小組，三人小組仍然保留全票通過作為行動的條件。之後，軍事調處執行部先遣小組在長春成立，白魯德將軍擔任資深美國軍官。6 月 24 日，軍事三人小組達成了「解決北平軍調部及長春軍調分部中某些爭執的條款」。除其他事項外，該協議規定，在有關停止衝突及隔離部隊之事項上意見不能一致時，執行小組美方代表有權以軍調部名義命令雙方指揮官立即

---

86 *New York Times*, June 7, 1946.

87 *Boston Christian Science Monitor*, May 25, 1946.

88 *New York Times*, June 25, 1946.

停戰即依照指令規定實行隔離部隊。在意見不能一致時，北平或長春軍調部之美方資深人員，得根據彼所觀察之情況，向北平軍調部或三人委員會〔三人小組〕單獨提出報告，請求指示。[89]

為了結束東北的敵對行動，軍事三人小組於 6 月 26 日向北平的軍事調處執行部發出以下指示：

一、1946 年 1 月 10 日之停戰條款除如下特加修改，或嗣後由三人會議指令者外，均仍有效。

二、密接或已實際交鋒之部隊，其指揮官應立即令其所屬部隊停止戰鬥，並應於執行小組到達之前，以與對方指揮官建立聯絡之辦法，覓致就地停戰，雙方均應立即將各自部隊由密接地點後撤。

三、對業經發覺密接或實行交鋒之部隊，其調整事宜，應由執行小組就地予以指示，其方法係依據情況著令一方或雙部隊撤至規定距離一般為二十華里。據信於 1946 年 6 月 7 日中午業已存在之當地局勢，將為確定調整有關部隊之基礎。

四、政府或中共部隊之一切戰術性的調動，均應停止，行政及補給性之調動，其經 1946 年 1 月 10 日之原停戰命令所允准者，倘事先已得執行小組之同意，可在其駐防區域以內進行。

五、本協定頒布後十五日以內，應將載明東北一切部隊並團

---

89 Agreement by the Three-Man Committee on Stipulations for the Resolution of Certain Disagreements Among Field and Communication Teams, and Executive Headquarters in Changchun and Peiping, June 24, 1946, annexed in *United States Relations with China*, 644.

級以上的指揮官、兵力及位置之清冊，送呈調處執行部長春分部。

六、政府及中共將不另調戰鬥部隊赴東北。但政府部隊之各別補充，其為達到今後將予訂正之1946年2月25日整編統編基本方案所允准之兵力者，應予批准。

七、不執行本協定條款之軍官，應由其指揮官撤職法辦。[90]

軍事三人小組6月26日的指示，在東北強行實現了不穩定的休戰。國軍占據著一條狹窄的領土，包括錦州、瀋陽、長春和吉林等城市，而共軍則控制了其餘的土地。這些指示暫時制止東北的軍事衝突，但是如果不解決全域的政治和軍事問題，局部的停戰安排就不會有效。自此，棘手的國共兩軍整編問題掩蓋了東北問題，成為和平談判的主要絆腳石。

90 The Three-Man Committee's Directives to the Three Commissioners of Executive Headquarters, June 26, *United States Relations with China*, 644-645.

第 7 章　轉捩點

一、整軍問題

在東北休戰延長期間，國共充分討論整軍問題，這是和談僵局最為關鍵的核心。國民政府以統一軍令的名義，打算肅清共軍，以便在沒有武裝反對派的情況下持續國民黨的一黨統治。中共為了生存，決心不交出共軍的控制權，除非中國建立真正具有代表性的聯合政府。

當 1945 年秋毛澤東在重慶時，國共雙方就政治民主化和軍隊國家化達成基本共識。[1] 杜魯門總統在 1945 年 12 月 15 日的政策聲明中，強烈主張中國建立具有廣泛代表性的政府，整併所有的武裝力量。[2] 政治協商會議決議的內在精神也是基於這兩個原則——政治民主化和軍隊國家化。但在執行這兩項原則時，應該優先考慮哪一項呢？中共認為這兩項原則是相輔相成的，必須齊頭並進。周恩來將軍說：「執其一端，必致造成對立。例如中共說，先要政治民主化，軍隊才能國家化，或是政府說，先要軍隊國家化，政治才能民主化，這樣就無法解決。我們意見，認為應該並行前進，歸於一途……」[3]

1946年2月25日的整軍方案，為國共兩軍的合併提供藍圖，但這個方案的實施取決於整體的政治形勢。在此之前的中國，政治影響力很大程度上取決於軍事實力。在國民黨政權的獨裁統治下，軍力是唯一的自衛手段。從 1927 年國共分裂以後，中共一

1　見本書第三章關於蔣毛會談的內容。

2　見本書第四章關於杜魯門總統 1945 年 12 月 15 日的政策聲明。

3　*Political Consultative Conference*, II, 70.

直靠著自己軍隊的保護才得以生存。經驗證明，不能相信蔣介石關於公民權利和民主化的承諾。中共堅信如果他們在沒有政治保證的情況下交出軍隊控制權，就意味著解除黨的武裝並放棄革命。

在批准東北臨時停戰的諸多事項中，蔣介石規定，中共應在指定的期限內，與國民政府一起制定出能立即執行軍隊整編的基礎方案。[4] 周恩來於 6 月 21 日提出中共的主張，建議在東北和全國停戰後，三人小組應商定全國及東北整軍復員之具體補充辦法，三人小組應召開第二次會議討論改組政府、保障民權和解救民生等問題。他表示，蔣介石似乎最急於提出軍隊整編方案，尤其是收編共軍，這讓中共意識到，即使交出了軍隊的控制權，也不能保證和平談判中的其他所有問題都能得到圓滿解決。問題的困難點在於下列事實，即國民政府在要求收編共軍的同時，卻沒有給予中共和其他民主黨派政治保證。一旦放棄軍事力量，中共就會任由國民政府擺布。因此，周恩來將軍建議，共軍先在解放區整編，國軍則在國統區整編。各自整編後，將兩股力量合併為一支國家軍隊。[5]

蔣介石堅持，除非軍事上的調整生效，否則很難，甚至根本不可能進行政治上的調整。6 月 26 日，也就是東北停戰協議屆滿的那一天，蔣介石提出了以下補充建議，要求馬歇爾將軍轉交給中共代表：

（a）中共應在十天內將政軍力量撤離蘇北、膠濟鐵路沿線、承德、古北口、安東和哈爾濱，這些地區將由國軍在一個月

4 *United States Relations with China*, 158

5 *United States Relations with China*, 163.

內占領；

（b）中共應在一個月內撤離其他指定地區，國軍可能會延遲二或三個月才進入這些地區；

（c）國民政府或可做出妥協，在政府改組時考慮接受中共在新黑龍江、興安、嫩江和察哈爾等省的臨時任命安排。[6]

周恩來將軍的回應是，從這些地方撤走共軍，和地方自治政府的地位，這兩個問題應該分開處理。中共願意從一些地方撤軍，以解除國民政府的燃眉之急，但這些地區的地方自治政府不能動。如果國軍進入中共撤離的地區，那將意味著國民政府利用和平談判取代武力，搶奪中共的地盤。這樣的設計違反政治協商會議關於此問題的決議和其他協議。在評價蔣介石 6 月 26 日的建議時，周恩來將軍表示，如果國民黨當局認為蘇北的共軍是對國民政府安全的威脅，中共願意減少在該區的軍隊，或全部撤軍，但國民政府不能派軍隊進入中共撤離的地區，乘機謀利。由於熱河和山東在中共的控制之下，中共不能讓國民政府占領承德、古北口和膠濟鐵路，但可以讓步，將兵力從膠濟鐵路沿線撤出，條件是國民政府必須同意只在濟南、濰縣和青島這三個主要城市駐軍。此外，在共軍撤離之後，所有這些地區的地方自治政府都不應有差別待遇。[7]

在這些討論中，國民政府堅持要中共撤出某些地區，讓國軍取而代之。而另一方面，中共願意做出讓步從某些地區撤軍，但中共要求這些地區不得駐軍，在政府改組之前讓地方自治政府繼續存在。為了使國民政府和中共達成一定的諒解，以便準備和簽

6　*United States Relations with China*, 165.

7　*United States Relations with China*, 164-146.

署正式文件，並能在6月底之前發布最終停戰命令，馬歇爾將軍向國共談判代表提交了「訂正及執行二月二十五日整軍方案之初步協議草案」，作為討論的基礎。這份文件建議作如下安排：

（1）國軍與共軍在東北及內地之特定配置；

（2）前經協議之國軍及共軍兵力總數比率，不得更改（5：1）；

（3）前為軍隊集中於特地地點所訂之各時期，其第一期原訂十二個月，應改為六個月；

（4）軍事調處執行部應立即確定1946年1月13日起，關內被國軍或共軍所占領之各地，除另加指示者外，應令各有關部隊在本協定簽字後二十日內撤出此等地方；

（5）軍事調處執行部應立即確定1946年6月7日正午以後，被國軍或共軍所占領之各地，除另加指示者外，應令各有關部隊於本協定簽字以後十日內撤出此等地方；

（6）中共同意國民政府在哈爾濱駐軍一團，人數不得超過五千人；

（7）中共同意將其部隊集中於規定地點，雙方諒解國軍不得移入此等空出之地區，且現已成立之行政機構及維持地方安寧之保安隊，應繼續存在；各方更經協議，在此地區之交通應予恢復，對進出口貨物，不予限制。[8]

在這份文件的附件中規定了共軍不駐防或集中之地區，不過共軍從這些地區撤離的時限，需經協商確定。[9]

6月17日，經國民政府批准，馬歇爾將軍向周恩來將軍轉交了一份「東北附件」。根據中共增加其在東北軍力的要求，馬

8 The draft "Preliminary Agreement" proposed by General Marshall, annexed in *United States Relations with China*, 645-646.

9 The draft "Preliminary Agreement" proposed by General Marshall.

歇爾將軍提議允許中共在該地區擁有三個師，而國民政府在該地區則擁有十五個師。這份「東北附件」被視為是 1946 年 2 月 25 日簽署的軍隊整編方案修正案的補充。[10]

在評論馬歇爾將軍的建議時，蔣介石表達了許多保留意見，並試圖獲得中共額外的讓步。周恩來將軍 6 月 29 日宣布，除了一、二個小問題，中共幾乎完全接受馬歇爾將軍的建議草案。他告訴美國特使，在幾次和平談判中，中共已經作出許多讓步，而沒有向國民政府提出要求，只有建議改變東北軍力比例這個例外，但即使這個例外，他們也可以放棄，中共準備完成所有的安排，但不能接受國民政府占領蘇北的要求，在共軍從蘇北撤離之後，現有的地方自治政府應該繼續運行。[11]

6 月 30 日，即停戰延期的最後一天，蔣介石要求中共在一個月內把江蘇的共軍都撤至隴海鐵路以北地區。但就連馬歇爾將軍也指出，要中共在這樣短的時限內完成撤軍，就後勤而言是不可能的。[12]

馬歇爾草案列出的基本條件，有助於雙方接受和指導實施軍隊整編方案。這些建議要求中共做出的讓步比國民政府的大得多。此時，中共已經把所有問題都推進到全面解決的程度。和平談判陷入僵局的唯一問題，是中共撤離地區的地方自治政府和保安隊的地位問題。然而，國民政府最終拒絕簽署在 6 月停戰期間談判達成的所有文件，從而使最重要的軍隊整編問題懸而未決。

---

10 Manchuria Annex to the “Preliminary Agreement” proposed by General Marshall, *United States Relations with China*, 646-647.

11 *United States Relations with China*, 167-168.

12 *United States Relations with China*, 169.

7 月 1 日，蔣介石命令國軍停止對中共的進攻。[13] 同一天，毛澤東和朱德將軍也指示所有共軍不要攻擊國軍，但萬一遭到襲擊，應堅決採取自衛措施，以保護人民群眾生命財產安全，維護法律和秩序。[14] 局勢一觸即發，任何一點軍事火花都會引發一場全面內戰。

二、國民黨反動派寄希望於美國

1946 年夏，中國局勢瞬息萬變。軍隊整編問題繼續成為和平談判的絆腳石，而諸多政治問題進一步擴大了國民政府與中共之間的距離。從 1946 年 4 月 24 日起，國民黨當局拒絕召集政治協商會議綜合小組。隨著國民政府越來越傾向於使用武力解決問題，其官方發言人公開表示對這個各黨派聯合組織已經失去了興趣。[15]

由於國民政府缺乏建立真正民主聯合政權的誠意，中共和民盟拒絕任命代表參加原定於 5 月 5 日召開的國民政府委員會和國民大會。4 月下旬，中共宣稱：「鑒於東北嚴峻的內戰形勢，以及內戰蔓延到中國本土的潛在危險，此刻政府怎麼改組？國民大會怎麼召開？」[16] 部分國民黨強硬派密謀撕毀政治協商會議決議，召開國民大會，將中共和民盟排除在外。國民黨自由派人士、國民大會籌備委員會主席邵力子先生爭辯，這樣做將違反各黨派的共同協議，因此是非法的。面對中共和民盟的反對，蔣介

---

13 See Generalissimo Chiang Kai-shek's Radio Message of July 1, 1946, *United States Relations with China*, 647-648.

14 See Chairman Mao Tze-tung and General Chu Teh's Joint Statement of July 1, 1946, *United States Relations with China*, 648.

15 The Democratic League, 8.

16 *New York Times*, April 23, 1946.

石決定暫緩召開國民大會。[17]

儘管如此，國民黨在不與其他黨派協商的情況下，著手改組政府。它漠視政治協商會議決議的明文規定，拒絕邀請其他黨派加入國防部。為了取悅美國，裝潢門面，它任命了兩名所謂的「獨立人士」為內閣成員。這種種措施表明，國民黨一意孤行，無意實行各黨派聯合協議的政治民主化。[18]

對於以蔣介石為首的國民黨強硬派來說，與中共和其他民主黨派妥協是不可思議的，因為真正的政治民主化將意味著他們的政治影響力被摧毀。他們清楚地認為，雖然馬歇爾將軍所堅持的美國對華政策是停止內戰、建立真正有代表性的聯合政府，但美國絕不會容忍共產黨領導的中國革命。他們知道，無論採取什麼行動，美國都會繼續支援他們。他們指望著美國提供的大量援助來清算中共，並預料一旦美蘇之間的緊張關係爆發為第三次世界大戰，美國肯定會與他們結盟，進行一場奇幻的、反對共產主義的十字軍東征。國民黨 CC 派領袖陳立夫對一位美國記者說：我們的共產黨問題，與你們的俄羅斯問題是一樣的。當你們準備好並能夠消滅俄羅斯時，我們也會準備好並能夠消滅共產黨。[19] 國民黨反動派為了一己私利，計劃著點燃世界衝突的戰火，把美國拉到他們的陣營。事實上，美國的政策也確實在不斷鼓勵著國民黨頑固派。

美國國務院遠東事務辦公室主任范宣德公開表示，當前實現中國統一的努力，除了馬歇爾將軍正在進行的和平方式之外，唯一的另外選擇是給予現行政府「無條件的支持，希望以武力實現

17 *New York Times*, May 7, 1946.

18 The Democratic League, 8.

19 Lauterbach, *Danger from the East*, 328.

統一。」[20] 當時華盛頓的輿情和聲明也表明，無論國民黨是否與中共和其他民主黨派組成真正具有代表性的聯盟，美國會不斷向國民政府提供軍事建議和援助。延安《解放日報》於 6 月 7 日以強硬的措辭譴責美國的對華政策，警告說：中國人民不能不清醒地看到，美國的軍事干涉並不是沒有帝國主義圖謀。甚至有可能會到來這樣的一天，他們發現美國竟要中國提供軍事基地和政治經濟權利，從而把中國降為美國的保護國或殖民地……。文章指出，國民黨的內戰政策和美國的軍事干涉是相輔相成的。[21]

當美國在調解中國內戰期間，它很明顯地在竭力維護不得民心的、腐敗的國民政府。蔣介石用自己有限的資源做不到的事，美國都想辦法替他完成。中國危機的深處隱伏著一個冰冷的事實，即美國正策劃使中國成為美國反蘇的衛星國。從本質上而言，美國必然會繼續幫助國民黨鎮壓革命力量。隨著整體局勢的惡化，中國的民主勢力開始相信，美國非但沒有促進國共衝突的政治解決，反而站在國民政府一邊積極參與了中國內戰。他們認為，只要美軍還駐紮在中國土地上，只要美國政府還在繼續向蔣介石政權提供物資和財政援助，他們的政治願望就難以實現。

就在此時，美國國會接到多個議案，向國民政府提供軍事顧問和援助。這些舉措在中國引發深切的關注。6 月 23 日，估計有十萬民眾，代表著五十四個學生、工人、文化界和職業團體，在上海示威抗議美國干涉中國內政。他們的橫幅和標語牌上寫著下列口號：「美國軍人回家吧，回到你們甜蜜的家去吧。」「打倒美元外交！」「美國人，不要參與中國內戰！」他們要求美國

20 Boston *Christian Science Monitor*, May 31, 1946.

21 As quoted by *New York Times*, June 8, 1946.

從中國撤軍，立即停止對國民政府的援助。這些示威者宣稱，他們的團體既不隸屬於中共，也不受中共影響，他們的運動只是為厭戰的中國人民發出道義呼聲。他們派出一個由十二名民間和學術界領袖組成的代表團，前往南京會見蔣介石、中共代表周恩來將軍和馬歇爾將軍，呼籲停止內戰。[22]

國民政府決心鎮壓抗議活動，它調動了一千多名特務和流氓在南京火車站伏擊上海和平代表團。代表團成員剛下火車，就被擠進兩個單獨的房間，關押了好幾個小時。火車站的執勤憲兵裝聾作啞，讓特務放手作惡。晚上 11 點左右，國民黨流氓開始毆打和平的民間社會領袖。代表團的全體成員，包括德高望重的馬敘倫教授和女權運動領袖雷潔瓊，均受重傷送醫。[23]

面對日益高漲的不滿輿論和媒體批評浪潮，國民政府出於政治目的採取逮捕和暗殺行動。7 月中旬，民盟的兩位主要領導人物李公樸先生和聞一多教授因公開譴責國民政府，在昆明被國民黨特務謀殺。[24] 另有十一名思想開明的教授，也是民盟成員，為逃避迫害而進入美國駐昆明領事館尋求政治庇護。[25] 同時，警察搜查大學和書店，眾多學生領袖被逮捕，標題含有「人民」、「民主」、「解放」等字眼的出版物均被取締。

民盟追究國民黨 CC 派在昆明暗殺的責任。在此關鍵時刻，周恩來譴責國民政府使用殘暴和恐怖手段鎮壓人民民主運動，譴責陳立夫調動特務準備展開在全國範圍內的迫害行動，譴責國民

---

22 *New York Times*, June 24, 1946.

23 *New York Times*, June 24, 1946.

24 The Democratic League, 14.

25 *New York Times*, July 18, 1946.

政府在關內和東北開啟了反對中共的軍事鎮壓。[26]

7 月 22 日，孫中山夫人，這位被視為中國人民良知的已故革命領袖遺孀，打破了長期的政治沉默，向美國發出訊息。她警告說，中國和美國的強硬派正在中國策劃一場內戰，以挑起美、蘇之間的武裝衝突。這樣的災難必須從一開始就被制止。她寫道：

> 那麼何以反動者還要發動一個他們所不能取勝的戰爭呢？因為他們希望中國的內爭會引起美蘇戰爭。從而在最後，摧毀共產黨。
>
> 美國人民是中國人民的同盟者和長久的友人，他們必須知道這條走向災禍之路的真相。他們必須知道美國的反動者與中國的反動者為伍、相互鼓勵的事實。他們必須知道，美軍駐紮在中國土地上，並不能增進中國人民間的和平與秩序。他們必須被警告，借款只應給與一個改組了的真正具有代表性的中國政府。他們必須知道，若是美國能夠坦白表示將不再供給軍需品與軍事援助，中國的內戰就不會擴大發展。[27]

孫夫人表示，中國人民繼續希望當前的國共談判能在馬歇爾的調解下給中國帶來和平。但她斷言：「國共之間的談判，不能作最後之決定。最後決定必屬於中國的人民。」她敦促中國各黨各派立即組織真正民主的聯合政府，不要再拖延。[28]

---

26 *New York Times*, July 19, 1946, and Boston *Christian Science Monitor*, July 22, 1946; July 23, 1946.

27 *New York Times*, July 23, 1946.

28 *New York Times*, July 23, 1946.

就在孫夫人發信的同一天，五十六位著名的中國民間領袖，其中包括許多企業家和商人，向美國人民發表聲明。他們指出，國民政府早已背棄孫中山先生的三民主義原則，正在實行極權主義，近六個月來，國民黨反動派一直在蓄意破壞馬歇爾將軍的斡旋努力。他們宣稱：

> 明顯地，美國有意讓充斥著反動勢力的國民政府經手，從而提供對中國人民的援手和協助。在這種情形下，我們難以歡迎這種援手和協助，因為我們知道它會被用來擴大內戰。
>
> 你們的租借貸款、剩餘物資、海軍陸戰隊和軍事任務，將把中國引進長期的內戰狀態，因為中國人民將進行不懈的鬥爭，直到在他們的祖國終結法西斯主義。
>
> 因此，我們請求您，讓您的政府不要破壞我們實現和平與民主的機會，以保持和您們有益的外交、經濟和文化關係。[29]

孫中山夫人和民間領袖的呼籲引起了人們的關注。一位對中國瞭若指掌的軍人埃文斯・卡爾森准將（Brigadier General Evans F. Carlson）表示，一場全面的中國內戰，加上美國支持國民政府，只會建造引發第三次世界大戰的火藥庫。[30] 在美國國會 7 月 26 日的一場辯論中，眾議員休・德拉西（Hugh De Lacy）表示，他不得不做出的結論是，馬歇爾將軍在中國的斡旋為蔣介石積蓄軍需、調兵遣將贏得了時間，從而可以對中共採取果斷的行動。他指出美國的對華政策，正在支持「一個強大的、壓迫性的、

29　*New York Times*, July 23, 1946.

30　*New York Times*, July 25, 1946.

占有土地的、貪汙的集團，這個集團正在通過恐怖、武力和狡猾的反蘇外交來維持自己」。[31] 眾議員艾理斯・派特森（Ellis E. Patterson）指責，美國的政策，阻撓和挫折了中國朝向統一、民主、工農業改造、和平發展的全盤計畫。他說：「我相信了，中國和美國雙方的邪惡勢力已經無恥地利用了馬歇爾的使命，來推進他們的私人利益，而不惜犧牲中國的民主、美國的安全和世界和平……這是馬歇爾失敗的悲劇……。」他要求召回馬歇爾將軍，並終止美國對國民政府的所有軍事和經濟援助。[32] 眾議員薩維奇（Savage）敦促美國讓中國人民自己去處理他們的內政問題，並尋求民主解決方案。[33] 8月5日，剛剛從全球（包括亞洲）巡訪歸來的參議員艾倫・埃倫德（Allen J. Ellender）和休・巴特勒（Hugh Butler）也認為美軍應從中國撤出。巴特勒說：「我們沒有與中國交戰，也沒有和那裡的任何派系交戰，我希望有人能解釋一下為什麼我們在那裡駐軍？」[34]

儘管如此，這些自由主義的聲音並沒有帶來美國政策的改變。美國執著於反蘇，繼續給國民政府支援。國民黨反動派則認為他們得到美國毫無保留的支持，認為沒有必要採取真正的政治民主化措施。不僅如此，他們還越來越沉迷於幻覺，認為美蘇之間的軍事衝突將為他們提供絕佳的維持政權的機會，他們幻想著第三次世界大戰一旦發生，就可以利用美軍來消滅中共。

---

31 *New York Times*, July 27, 1946.

32 New York *Daily Workers*, August 13, 1946.

33 *New York Times*, July 27, 1946.

34 *New York Times*, August 6, 1946.

三、經濟危機

在政治和軍事活動的背後，隱藏著廣泛而迫在眉睫的經濟危機。隨著國民政府對中共發動總攻，加速惡化了當前的經濟形勢。

抗戰勝利之際，中國的經濟前景相當樂觀。由於中國基本上是農業社會，儘管在八年抗戰中遭受嚴重破壞，但國民經濟總體上，包含著不少正向因素，奇蹟般地維持著。由於日本殘酷和毀滅性的侵略，戰亂地區的農田、礦山和工廠遭受巨大的損失，但中國「大地」的生產潛力還未受到影響。靠著從富庶而頗具規模的工業化東北和臺灣沒收的敵產，中國希望快速發展經濟，實現國民經濟的總體提升。在沿海省分和東北地區，國民政府從日本及其傀儡政權接收了大量財富，在 1945 年底擁有空前龐大的黃金和外匯存底，價值超過九億美元。此外，中國人在海內外持有可觀的黃金和外匯資產，保守估計為五億美元。[35] 總體而言，國民政府的財政狀況還算不錯。

然而，這一切亮點很快就變成幻影。在接管新收復區的過程中，人們對國民黨當局的弊端和腐敗感到失望，並疏遠了國民黨政權。由於戰爭帶來的破壞，鐵路交通持續中斷，國內貿易的阻斷，官僚資本家們在關鍵經濟領域的壟斷，美國商品的大量湧入，中國面臨的經濟挑戰越來越嚴峻。國民黨當局沒有採取任何實際的措施來成功實現經濟復甦與重建。對於大部分中國人來說，只要內戰還在繼續，他們的經濟負擔就無法減輕，生計也得不到保障。這是人們支持和平解決國共衝突的主要原因之一。然而，國民政府的內戰政策不斷地將國家推向經濟混亂的局面。

35　See General Wedemeyer's Report to President Truman, annexed in *United States Relations with China*, 766-814.

在收復區中，東北的經濟前景最為看好，工業發達，糧食自給自足，是一個相對較新的地區，雖然面積約占中國領土總面積的四分之一，但居住的人口卻只占中國人口的十分之一。在工業方面，東北擁有的工業設施是關內的四倍。[36] 那裡有設備齊全的工廠生產機器、化學原料、汽車，甚至飛機。在糧食生產方面，東北有充足的餘糧，足以賑濟長城以南省分的糧荒。然而，由於政局不穩，國民政府無法調用東北的資源，因為在爭奪東北的戰場上，中共占了上風。國軍在華北和東北控制的城市被共軍包圍如大海中的孤島。國民政府無法利用當地的工業設施和糧食儲備，只能通過漫長的、被包圍的補給路線，從關內運送彈藥和後勤物品給東北的軍隊。結果是，國民政府在東北所持有的一切，越來越成為它的負資產，而不是它的財富。

臺灣的工業發展不如東北，但這個亞熱帶島嶼盛產食物，尤其是米和糖。長達五十年的日本殖民惡夢時代之後，島上許多人歡迎與大陸的統一。然而，國民政府將臺灣視為殖民地，將原住民排斥於政治生活中的任何重要角色之外。一批國民黨投機者，在國民政府的指示下建立高度組織化的壟斷體系，開發島上的經濟資源。這個壟斷體系的高效率，很快就控制了主要的各行各業，使當地居民的生活日趨艱難。部分臺灣人指責國民政府讓臺灣流血以資助大陸的內戰，導致 1947 年 2 月至 3 月的「臺灣暴動」。[37]

在國統區，經濟上最大的問題是惡性通貨膨脹的破壞性影響。八年抗戰期間，國民政府不斷印發貨幣以彌補財政上的不

36 *United States Relations with China*, 128.

37 Ambassador Stuart's memorandum on the situation in Taiwan to Generalissimo Chiang Kai-shek, annexed in *United States Relations with China*, 923-938.

足。隨之而來的通貨膨脹導致商品價格猛漲，耗盡人們的積蓄。其結果是中產階級的貧困化，尤其是公職人員、教授和教師，因為他們唯一的收入就是薪水。在抗戰結束時，國民政府雖然擁有空前的高額財政儲備，卻錯失改革貨幣政策的機會。隨著軍費開支的增加，通貨膨脹進一步加速。1937 年，大約只有十二億法幣流通，到了 1946 年 1 月，僅關內流通的數額就達一兆一千五百億法幣。到了 7 月，這個數字幾乎翻了一番。至 1946 年底，發行的貨幣量達到了天文數字的三兆七千三百億法幣。[38] 除此之外，國民政府還在東北、臺灣和新疆發行了大量流通券與省幣。抗戰前，法幣兌美元的匯率大致為 3：1；到了 1946 年 8 月，官方匯率為 3,350：1；到了 12 月，法幣進一步貶值至 6,500：1，[39] 但黑市匯率更高。惡性通貨膨脹危害了正常的經濟活動。無論是官僚資本家，還是大規模囤積居奇的戰爭奸商，他們都加劇物資的匱乏，加深了老百姓的苦難。

國民黨官僚資本家們，如孔祥熙、宋子文和陳氏兄弟（陳果夫和陳立夫），透過公開和前所未有的腐敗積累了巨額財富，在許多情況下與蔣介石本人直接相關。[40] 孔祥熙、宋子文都是蔣介石的姻親，他們唯一的政治資產就是與蔣介石的家庭關係。透過裙帶關係，孔祥熙和宋子文控制了中國財政近二十年。他們設立壟斷信託，特別是揚子建業公司，專門控制銀行、工業、海運和外貿部門。最糟糕的是，他們的壟斷並不致力於長期的經濟重建，而是旨在迅速掠奪資產以便投資美國和其他國家。官僚資本家的口袋鼓脹的同時，中國人民的生活水準急劇下降。

38 See General Wedemeyer's Report to President Truman.

39 *United States Relations with China*, 221.

40 Chen Pei-ta, *China's Four Powerful Families*.

大量湧入的美國商品給中國國民經濟帶來破壞性影響。二戰剛結束，美國商品就如潮水般進入中國市場。由於國內貿易中斷導致國貨短缺的現象，沿海省分的城市居民越來越依賴美國舶來品。國民政府不明智地維持了一個人為的、不切實際的外匯匯率，雖然外匯政策補貼了官僚資本家進口的美國商品，但整體上卻阻礙了出口。美國產品的氾濫不僅提取中國的外匯儲備，而且損害國內競爭力較弱的產業。面對來自美國商品的激烈競爭，大量中國實業家或是宣布破產，或是關閉工廠，將商業經營轉向囤積和投機。[41] 主要由於國際貿易收支形勢不利，中國的黃金和外匯儲備從 1945 年 12 月的九億多美元，減少到 1946 年底的約四億五千萬美元。[42]

國民政府一直無法維持預算平衡。在 1946 財年，來自稅收和其他資源的收入只能支應總支出的 25%；黃金儲備出售和清算敵產的收入另占 10%。高達 65% 的財政赤字，完全是透過發行貨幣來彌補的。[43] 由於軍費開支占總支出的 70% 以上，財政赤字隨著內戰進行不斷增加。正因如此，國民政府急於爭取外援，並寄望美國出手相救來解決財政問題。它最急於想得到的，是應馬歇爾的要求而專門撥給中國的五億美元貸款。

對日勝利之後，聯合國善後救濟總署（UNRRA）在中國的計畫，代表了國際社會為中國人民提供經濟援助的努力。UNRRA 運往中國的貨物總價值估計為六億五千八百萬美元，其中美國貢獻了四億七千四百萬美元，約占 72%。[44] 儘管對單一國家而言，

41 The Democratic League, 10-11.

42 *United States Relations with China*, 222.

43 *United States Relations with China*, 221.

44 *United States Relations with China*, 225.

UNRRA 的中國計畫金額最高，但與四億五千萬人口相比，還是相當不足的。在這筆款項中，只有一小部分到達了饑民手中。由於國民黨官員的瀆職和腐敗，很大部分的 UNRRA 物資卻被轉往黑市出售，或在上海的倉庫中腐爛，而此時的中國卻正面臨著饑饉。此外，UNRRA 的物資被國民政府用作對付中共的政治武器。儘管解放區擁有近 40% 的人口，但他們收到的物資，還不到 UNRRA 運到中國總量的 2%。[45] 救災物資被如此濫用，以至於在中國的 UNRRA 官員敦促暫停所有物資的輸運，以此作為對國民政府的警告。

由於農村人口約占總人口的 80%，中國真正的實力紮根在農村。抗戰時期，農民肩負著戰爭的主要重任。正如共產黨領袖毛澤東所說：「現在的抗日，實質上是農民的抗日。……抗日的一切，生活的一切，實質上都是農民所給。……農民的力量，是中國革命的主要力量。……」[46]

然而，農民並不是單一的階級，它由地主、富農、中農和貧農組成。據統計，地主和富農約占農村人口的 8%，卻擁有 70% 至 80% 的可耕地；中農約占農村人口的 20%；其餘的都是貧窮的農民，他們擁有的土地極少，或沒有土地，無法靠土地為生，只能當佃農。[47] 不公平的土地分配，以及地主與貧農的半封建關係，阻礙著經濟發展和社會進步，因此土地改革是中國的首要之務。國民政府已有了成文的土地改革方案，但未付諸實施。農民貢獻抗戰所需的大部分人力、物力，但抗戰勝利並沒有改變他們

---

45 "The UNRRA Scandal in China", in *The Nation*, July 20, 1946, and Edgar M. Wahlberg, "Politics and Hunger in China", in *Christian Century*, October 9, 1946.

46 Mao Tze-tung, *The New Democracy*, 36.

47 Anna Louise Strong, *The Chinese Conquer China* (New York, 1949), 114-115.

悲慘的經濟狀況。惡性通貨膨脹給農民帶來的痛苦，相對而言要小於城市人口。[48] 然而，戰爭引發的饑荒在廣大農村地區肆虐，奪去無數生命，尤其是在豫、湘兩省。國民政府非但沒有為人民提供喘息的機會，反而變本加厲地徵兵徵糧，竭澤而漁，殺雞取卵，以進行不得人心的內戰。在過度徵用的壓力下，許多農民背井離鄉，使得大量農田荒廢。

內戰、惡性通貨膨脹、物價飆升、黑市暴利，這些結合在一起成了普通人民生計的威脅，但少數享有特權的國民黨官僚資本家是例外。事實上，實業家、商人、中農、他們的佃戶、工人、職員、公務員及教師，都處於無助的境地，只能乾等著被看似不可避免的經濟崩潰所吞沒。許多人失去希望，覺得國民政府不能誠信有效地治理國家，他們願意接受劇烈的變革，甚至是全面的社會和經濟革命。公務員的士氣明顯惡化，甚至最高法院的推事們也參加罷工，要求改善他們的生活條件。[49]

中共在解放區內正奉行毛澤東「新民主主義」指導原則下的經濟政策，透過土地改革和發展互助，農產品和手工業產品有所增加，有助於保障農民和工人的最低生活水準。在共區，「耕者有其田」的格言正在實現。[50] 商品雖然嚴重短缺，但沒有黑市。存在財政困難，但沒有惡性通貨膨脹。中共設法引入法律和秩序，提供公共衛生，提高一般生活水準，並促進民政管理的運作。[51] 中共堅持認為，要打破半封建的社會束縛，廢除現存的

48 Gerald F. Winfield, *China: The Land and the People* (New York, 1948), 234.

49 *Time* Magazine, June 3, 1946.

50 Concerning the economic policy of the Chinese Communist Party, see Part Four in Gunther Stein, *The Challenge of Red China* (New York, 1945), 157-210; and Chapter 4 in Anna Louise Strong, *The Chinese Conquer China*, 112-139.

51 *New York Times*, December 22, 1946.

剝削制度，解放先前被奴役群眾的巨大勞動潛力。中共相信，革命群眾隨著政治意識的覺醒，會支持它的經濟重建政策。事實上，共區較為樂觀的經濟形勢，與國統區黯淡的景象形成了鮮明對照。

國民政府與中共在經濟領域之爭，是城市與農村之爭，消費與生產之爭，少數與多數之爭。隨著時間的推移，形勢變得越來越清晰，國民政府越來越弱，而中共越來越強大，並占上風。

馬歇爾將軍曾這樣評估，說處於經濟崩潰邊緣的國民政府無力對中共發動總攻，國民政府面臨的繁重任務是維持高度脆弱的軍事和經濟戰線，但中共可以透過游擊戰和對國統區的經濟封鎖來改善其相對地位。[52] 國民政府即使在軍事上不敗，經濟上也會癱瘓。因此，馬歇爾試圖說服蔣介石避免全面內戰。

四、馬歇爾將軍七上牯嶺

馬歇爾將軍亟需一位夠資格的美國人來協助他的斡旋，而向杜魯門總統建議任命司徒雷登博士（Dr. John Leighton Stuart）為駐華大使。杜魯門總統採納建議，於 1946 年 7 月 9 日提名司徒雷登接替赫爾利出任美國駐華大使。[53]

司徒雷登大使長期在中國傳教和教書。他生於中國，精通中文，1905 年作為長老會牧師回到中國，從 1919 年起出任美國贊助的北平燕京大學校長。他在中國政界有很多熟人，比任何美國人都更瞭解蔣介石。[54] 評論司徒雷登大使的任命時，馬歇爾將軍說：「多年來，司徒雷登一直是遠東最廣為人知和最受尊敬的非

---

52 *United States Relations with China*, 220.

53 *New York Times*, July 10, 1946.

54 *Washington Post*, July 28, 1946.

官方美國人之一。他對中國有著廣泛而深入的瞭解，在各行各業、不同信仰的中國人中享有獨特的尊崇。我能預見，他作為大使將對我的使命提供極大的幫助。」[55]

然而在這個關鍵時刻，蔣介石卻刻意迴避和談。7月14日，在與高級將領進行兩個小時的會議後，蔣介石離開南京前往江西廬山避暑勝地牯嶺。國民黨發言人說，蔣介石到牯嶺度假是為了走避南京的暑氣。但熟悉蔣介石行事方式的人都清楚，他休假是出於政治原因，試圖以他不在首都的方式阻止和平談判，讓他的將軍們繼續對中共發動軍事行動。[56] 中共憤怒地指責道，當蔣介石在廬山悠閒度假時，他親手煽動的內戰野火卻一天天蔓延。[57]

蔣介石剛剛前往牯嶺，國軍隨即在蘇北對中共發動猛烈攻勢。中共代表周恩來將軍7月16日專程拜訪馬歇爾將軍，向他展示一份被截獲的國軍作戰命令，顯示蔣介石正派出七支軍隊進攻蘇北。同時，中共發言人王炳南表示，目前的形勢正朝著全面內戰的方向發展，並警告說，如果國軍繼續進攻，共軍將被迫接受挑戰。[58]

7月18日，馬歇爾將軍在司徒雷登大使的陪同下，飛往牯嶺拜訪蔣介石，力圖避免即將爆發的全面內戰災難。次日，司徒雷登大使向蔣介石遞交國書。[59] 這是馬歇爾將軍第一次來到廬山避暑勝地。

7月26日，馬歇爾將軍在南京與周恩來將軍進行長時間的

---

55 *New York Times*, July 11, 1946.

56 *New York Times*, July 20, 1946.

57 *New York Times*, July 22, 1946.

58 *New York Times*, July 17, 1946.

59 *New York Times*, July 19, 1946.

談話。周恩來將軍建議，為防止軍事衝突、營造和平談判氣氛，應立即下達無條件停戰令，落實6月達成的各項安排。他指出，中共不可能在沒有政治保證的情況下交出軍隊和解放區的控制權，因此，軍隊國家化和政治民主化必須同步進行。他進一步建議，為打破政治民主化的僵局，國共應各自任命代表，在司徒雷登大使的指導下討論政府改組問題，並將他們可能達成的任何協議遞交各黨派政治協商會議綜合小組批准。[60]

緊接著這次會議，馬歇爾將軍不顧惡劣的天氣，第二次飛往牯嶺拜訪蔣介石。[61] 7月27日，司徒雷登大使也飛赴避暑勝地參加協商。在此期間，馬歇爾將軍與蔣介石的一位幕僚談到形勢嚴峻時坦言，如果蔣介石不改變他對和談的態度，內戰是不可避免的。他感歎道，蔣介石的聲望正在逐步下降，蔣介石下屬給的建議並不可靠，會讓他陷入危險的境地。美國特使強調，雖然蔣介石預估軍事形勢對他有利，但事態的發展可能不會如他所願，國民政府的內戰方針不會得到美國的認可。在之後的討論中，馬歇爾將軍再度強調中國的金融和經濟狀況經不起一場內戰，如果國民政府繼續目前的反共策略，那只會為中共的崛起鋪平道路。他警告，內戰造成的社會動盪和經濟混亂，只會導致共產主義的擴張。[62]

在牯嶺，馬歇爾將軍和司徒雷登大使向蔣介石轉達周恩來將軍7月26日的建議。鑒於此時顯然不可能說服蔣介石下達停戰令，他們試圖從政治角度打破僵局。司徒雷登大使於8月1日提議成立一個小型的、由國共代表組成的特別委員會，由他親自主

60 *United States Relations with China*, 173.

61 *New York Times*, July 27, 1946.

62 *United States Relations with China*, 173-174.

持，並討論計劃中的國民政府委員會，[63] 希望若就改組政府達成協議，將有助於發布停戰令。

蔣介石勉強接受了司徒雷登大使的建議，決定成立一個非正式五人小組，就國民政府委員會的籌備達成共識。但 8 月 6 日，在馬歇爾將軍第三次訪問牯嶺時，蔣介石要求在討論政治問題之前，中共必須在四到六周內達成以下五個初步條件：

（一）撤出隴海路以南蘇北、皖北全部地區；

（二）撤出膠濟路全線；

（三）撤出熱河南部，包括承德；

（四）共軍在東北退居黑龍江、興安兩省及嫩江北半省與延吉；

（五）山東、山西兩省退出 6 月 7 日後中共軍占領地區。[64]

蔣介石的態度阻礙了進一步的討論，與他 6 月提出導致談判陷入僵局的要求相比，這五項條件更加嚴苛。中共宣布已準備好與國民政府同時就政治和軍事問題進行談判，但蔣介石的五個初步條件是無法接受的，因為他要求共軍從指定地區撤出，卻沒有提及那裡現存的地方自治政府地位。中共指出解放區地方自治政府的地位問題，曾經導致 6 月談判陷入僵局，並進一步說明，中共堅持先維持這些地方政府的現狀，以待改組後的中央政府再作解決，是基於政治協商會議的決議。[65]

此時，大規模的軍事衝突正在華北蔓延。為了向公眾通報事態的嚴重性，並向國民政府和中共施壓，馬歇爾將軍和司徒雷登大使於 8 月 10 日發表以下聯合聲明：

---

63 見本書第五章關於政治協商會議對政府組織的決議。

64 *United States Relations with China*, 175.

65 見本書第六章第四節關於解放區地方自治政府的爭論。

> 馬歇爾將軍與司徒雷登博士迄在共同研討各種可能之方法，以終止中國目前日益滋蔓之衝突，並著手開始發展一真正民主式政府之初步步驟。蓋以和平方式解決一切政治問題，實際上顯為全中國人民一致之願望。就經濟局勢而言，如欲避免不幸之崩潰，亦須立謀政局之解決。現戰爭範圍日益擴大，幾有使全國捲入戰禍而致負責者不能控制之虞。政府與共產黨雙方領袖均渴望終止戰爭，但有若干立待解決之問題，迄難獲致協議。雙方對於此等問題似難獲致解決之方法，而俾發布一全國各地完全停止衝突之命令，在此等為解決之問題中，有係關於軍隊之重新部署者，但尚有更基本之問題，即在軍隊重新部署以後，國民大會未做根本決定之前，此等已經撤軍地區之地方政府，究應為何種性質，實較軍隊之重新部署問題更難解決。[66]

馬歇爾－司徒雷登8月10日的聲明引起中國人民的關注，並加劇普遍存在對未來國家分裂的悲觀情緒。周恩來將軍證實，情況實際上比馬歇爾－司徒雷登聲明中所揭示的還要嚴重。[67]

馬歇爾將軍在牯嶺與蔣介石進行非常坦誠的談話，告訴蔣介石他的聲譽正在下降，並指出武裝衝突正在華北肆虐，不久將蔓延至東北，目前的局勢將導致失控的全面內戰，認為在目前武裝衝突的局勢下，國民政府將喪失一切、毫無勝算，提醒蔣介石注意國民政府的脆弱處境，並強調國民政府正在推行的政策，最終會成就中共控制的共產中國。馬歇爾將軍警告，內戰將導致國家

---

66 "The Joint Statement by General Marshall and Ambassador Stuart", August 10, 1946, annexed in *United States Relations with China*, 648.

67 *New York Times*, August 11, 1946.

經濟破產和國民政府的垮臺。[68]

杜魯門總統於 1946 年 8 月 10 日同一天發給蔣介石一封私人信件，信中寫道：「馬特使之努力似未奏效，實深遺憾，本人深信馬特使與閣下商談中曾將美國政府之整個態度與政策，及有見解之美國輿論，正確奉告，近數月來之中國政情，迅速惡化，實使美國人民深感憂慮。」「1 月 31 日政治協商會議所訂協定，曾為美國方面所歡迎，而認為遠見之舉，可使統一與民主中國。但美國對該協定之未採取切實步驟，使其實行，殊感失望。此點漸為美國對中國前途展望之重要因素。」「此間觀感，中國國民之期望為黷武軍人及少數政治反動分子所遏阻，此輩不明現時代之開明趨向，對國家福利之推進，不惜予以阻撓。」杜魯門總統以命令式的口吻警告說，「本人必須將美國立場重行審定。」[69]

作為對杜魯門總統個人信件的回應，蔣介石將軍事衝突的全部責任推給中共。他向杜魯門總統保證，為實現兩國共同目標之政策起見，他將盡力與馬歇爾將軍合作。蔣介石說：「閣下能繼續為我等之後盾，以求達到彼此共同之目標。」[70]

杜魯門總統不滿蔣介石回信中的狡辯，對談判持續陷入僵局感到惱火，於 8 月 31 日再次致函蔣介石。美國總統寫道：「本人切望政治解決方法，早日完滿達成，俾武力糾紛得以停止，而閣下與貴國人民得從事於重大緊急之建設。」關於在政策聲明中提到美國援華的可能性，他說：「本人仍願……迅速消滅內戰蔓

68 *United States Relations with China*, 176-177.

69 "President Truman's Message to Generalissimo Chiang Kai-shek", dated August 10, 1946, annexed in *United States Relations with China*, 652.

70 "Generalissimo Chiang Kai-shek's Reply to President Truman", dated August 28, 1946, *United States Relations with China*, 653.

延之威脅……推進協助中國農業與工業經濟復興計畫。」[71]

在此期間，馬歇爾將軍和司徒雷登大使致力於促成國共就組建擬議中的國民政府委員會達成協議。他們認為，國民政府委員會的啟動，至少會是朝著政府改組邁出的明確一步，這可能為停戰提供政治基礎。蔣介石同意組成非正式五人小組籌備國民政府委員會的方案，但堅持在共產黨滿足五個初步條件之前，他不會發布停戰令。在 8 月 14 日抗戰勝利周年紀念日致辭中，蔣介石突然宣布國民大會定於 1946 年 11 月 12 日召開。[72] 次日，馬歇爾將軍第四次到牯嶺會見蔣介石。[73]

在此之前，中共雖然多次抨擊美國對華政策，卻都沒有對馬歇爾將軍個人進行批評。但 8 月 15 日的延安《解放日報》卻對馬歇爾將軍進行首次攻擊，指責他未能遏制國軍對中共的攻勢；指責美國特使在調解國共衝突的同時，以向國民黨反動派提供軍事和經濟援助來鼓勵他們。然而，一位中共發言人表示，如果馬歇爾將軍嚴格遵循杜魯門總統 1945 年 12 月 15 日的政策聲明，以及莫斯科三巨頭會議的決議來調解中國內戰，他仍然可以成功完成使命。[74]

8 月 24 日，局勢不斷惡化，馬歇爾將軍再次從南京飛往蔣介石的避暑勝地。到了月底，國共都同意任命代表參加非正式五人小組，討論國民政府委員會的組織問題。但蔣介石表示，雖然他同意政治討論的建議，但他不會以任何方式修改他提出停戰令

---

71 "President Truman's Message to Generalissimo Chiang Kai-shek", dated August 31, 1946, *United States Relations with China*, 654.

72 "Generalissimo Chiang Kai-shek's Statement of August 14, 1946", annexed in *United States Relations with China*, 649-651.

73 *New York Times*, August 17, 1946.

74 *New York Times*, August 16, 17, 1946.

的五個初步條件。周恩來將軍則以中共名義表示，由於蔣介石無意透過修改先前的要求來實現停戰，政治討論只會成為軍事衝突的偽裝。他表示在這種情況下，他很懷疑國民政府委員會的組成一事是否能達成。[75]

蔣介石的五項初步條件成了和平談判不可逾越的障礙。8 月 30 日，馬歇爾將軍第六次飛往牯嶺。中共發言人王炳南指出，牯嶺籠罩著戰爭的陰雲，沒有和平的氛圍。[76]

9 月 6 日，在南京與周恩來將軍會談後，馬歇爾將軍再次飛往牯嶺與蔣介石會談，表示將會尋求蔣介石就五項初步條件給出明確答覆。[77]

在不到兩個月的時間裡，馬歇爾將軍七次穿梭於南京和牯嶺之間。他乘坐飛機、渡船、轎子前往蔣介石的避暑山莊。然而，蔣介石一次又一次地拒絕調整他提出的五項苛刻條件。至此，不斷擴大的軍事衝突逐漸失控。當馬歇爾將軍艱難地爬上險峻的廬山推進和平談判之時，蔣介石的軍隊裝備著美國武器，仗著美國的運輸，正在華北向中共發起總攻。

---

75 *United States Relations with China*, 178.

76 *New York Times*, August 31, 1946.

77 *New York Times*, September 7, 1946.

第 8 章　為什麼國共難以調和？

一、美國對國民政府的軍事援助

到了 1946 年秋天，馬歇爾將軍在中國的斡旋越來越顯得是白忙一場。一方面，美國宣稱贊成和平解決中國內戰，並堅持認為國民政府應該開放，接納中共和其他民主黨派，以形成一個真正有代表性的聯盟；但另一方面，美國積極向國民政府提供軍事援助，力圖將蔣介石打造為遠東的代理人。儘管美國對華政策宣稱是為了和平，但美國的軍事物資和軍事顧問卻被國民黨政權用來發動內戰。就連被廣泛認為是美國人主編的、經常代表美國對華觀點的上海《密勒氏評論報》也表示：「就我們而言，我們仍在試圖弄清楚，馬歇爾將軍到這裡來究竟是作為美方的調解人，還是作為中美聯合討伐延安部隊的指揮官。」[1] 美國政策的兩面性，極大地鼓舞了國民黨反動派，使蔣介石和他的同僚相信，馬歇爾將軍只是在表面施壓，而不是真心為之。他們認為，既然美國的政策是反蘇反共，那麼只要堅持反共路線，就可以一直仰賴美國的支持。

早在 1941 年 3 月，美國就透過租借法案向國民政府提供軍事援助。[2] 出於政治和戰略考慮，美國政府在二戰結束後仍繼續向國民黨政權提供軍援。杜魯門總統於 1945 年 9 月 14 日表示，美國準備協助國民政府發展現代化軍隊，以維護中國國內的和平與安全，掌控東北與臺灣在內的收復區。他承諾要提供裝備與補

1　Shanghai *China Weekly Review*, June 22, 1946.

2　見本書第二章關於美國對中國的租借法案援助。

給以完成戰時規劃的三十九個美械師計畫，截至日本投降時，這個計畫約完成 50%；他承諾要提供適合在沿海和內河作戰的海軍艦艇，要裝備一支中等規模的空軍，要向國民政府派遣一支美軍顧問團。儘管如此，他也指出：「應該清楚地理解，美國提供的軍事援助不會被轉用於自相殘殺的戰爭，或支持不民主的統治。」[3] 杜魯門總統關於美國向國民政府提供軍事援助的聲明本意，都體現在馬歇爾將軍的使命之中。

正如第三章所討論的，抗戰勝利之後，當國共爭奪收復區的控制權時，美國提供飛機載運國軍接管華東和華北的主要城市，維持大約十一萬三千名美軍駐華，替國民政府守衛平津。在隨後的幾個月裡，美國海軍艦艇運送了大約五十萬國軍到華北和東北的港口。當馬歇爾將軍在 1945 年底抵達中國時，美國已經向國民政府移交足夠的軍事物資，以完成三十九個美械師的計畫，並繼續提供裝備以組建一支八又三分之一大隊的空軍。[4]

1946 年 2 月 25 日，杜魯門總統指示國務卿、戰爭部部長和海軍部部長聯合成立駐華軍事顧問團，為國民政府提供協助和建議。除非總統另有指示，否則顧問團的規模不得超過一千人。根據這項指示，戰爭部和海軍部在南京設立了陸軍顧問團和海軍顧問團。陸軍顧問團由陸軍、航空隊和後勤顧問組成。[5]

從抗戰勝利到 1946 年 2 月底，美國根據租借法案向國民政府提供的軍事援助價值約達六億美元。在此之前，美國向國民政府提供的租借物資據估計為八億七千萬美元，合計達十四億七千

---

3 "President Truman's Oral Statement to Premier T. V. Soong", dated September 14, 1945, annexed in *United States Relations with China*, 939.

4 見本書第三章關於美國對國民政府的援助。

5 *United States Relations with China*, 339-340.

萬美元。[6] 雖然與大多數盟國簽訂的租借計畫於 1946 年 6 月 30 日終止，但透過 1946 年 6 月 28 日的特別軍事援助協定，美國持續向國民政府提供租借物資。[7]

當美軍離開中國西部（四川、雲南、貴州和廣西）時，他們以二千五百萬美元加上五十一億六千萬法幣的價格，將該地區的各種軍事裝備轉移給國民政府，[8] 此外，在 1945 年 9 月 2 日至 1946 年 3 月 2 日之間，根據《中美合作所協定》，[9] 美國海軍向國民政府轉讓了相當數量的軍械和其他設備，價值約一千八百萬美元。[10]

超過一半指定給國軍三十九個師的美械師的軍援，以及指定給空軍八又三分之一大隊共九百三十六架飛機的大部分，都是在抗戰勝利之後交付的。[11]

向國民政府提供軍事顧問與援助的議案於 1946 年 6 月中旬提交美國第七十九屆國會，這些議案跳過立法程序，[12] 根據國會於 7 月 16 日頒布的第五一二號法案，授權杜魯門總統向國民政府轉交二百七十一艘海軍艦艇，並指派三百名海軍人員協助中國處理海軍事務。[13] 其後，杜魯門總統又於 1947 年 4 月 25 日頒布

---

6 See President Truman's Statement of December 18, 1946, annexed in *United States Relations with China*, 689-695.

7 See Categories of American Military Aid Extended to China Since V-J Day, annexed in *United States Relations with China*, 969-974.

8 See Categories of American Military Aid Extended to China Since V-J Day.

9 中美合作所（Sino-American Cooperative Organization, SACO）是由美國海軍情報機構與國民黨特務共同運作的祕密機構。See *The Unfinished Revolution in China*, 349-350.

10 See Categories of American Military Aid Extended to China Since V-J Day.

11 *United States Relations with China*, 342.

12 *United States Relations with China*, 340.

13 For the text of Public Law 512 of the U.S. 79th Congress, see *United States Relations with China*, 943.

行政命令，一百三十一艘美國海軍艦艇以捐贈方式移交，並在青島設立海校，為國民政府培訓海軍人員。在一百三十一艘海軍艦艇中，有護航驅逐艦、巡邏艦、登陸艦、掃雷艦等。[14] 這些被轉移的艦艇，構成了國軍海軍的主體。

從 1946 年初起，美國和國民政府就轉移戰爭剩餘物資到中國一事展開談判。馬歇爾將軍在 3、4 月訪問華盛頓期間，完成這筆交易的條款。[15] 8 月 30 日，美國與國民政府終於簽署關於出售戰爭剩餘物資的協議，其中包含大量船舶、海軍設備、卡車、固定裝置、空軍物資、築路機械、通訊設備、工具、電器和醫療用品，分散在印度、中國和西太平洋島嶼上，總價值約為九億美元，但國民政府僅以一億七千五百萬美元的商定價格即購得。[16]

戰爭剩餘物資移交國民政府的協議達成之際，正是杜魯門總統發送私人信件予蔣介石，馬歇爾將軍訪問牯嶺進行和平談判之時。[17] 中共代表周恩來將軍 9 月 1 日在新聞發布會上表示，這次移交進一步鼓勵國民黨政權奉行內戰政策，最終將使馬歇爾將軍的斡旋努力歸零。他認為，美方聲稱這筆交易沒有戰爭裝備的說法是虛假的，他指出，部分移交物品，如卡車、後勤物資、通訊設備等將會直接被投入軍事用途，而其他的物品則會被出售以資助內戰。他聲稱：「在美國政府和陸海空全力協助國民黨發動戰爭的情況下，不可思議的是美國和平特使還能在中國斡旋。」[18]

---

14 See Categories of American Military Aid extended to China Since V-J Day.

15 *United States Relations with China*, 180.

16 *United States Relations with China*, 227-228.

17 見本書第七章第四節。

18 *New York Times*, September 2, 1946.

1946 年夏天，國民政府與中共在作戰兵力上相比，人數優勢估計為 3：1。美國的軍事裝備進一步增強國民黨反動派對軍力的幻想，從而更加固化其以武力平息內戰的決心。

面對中共的嚴厲批評，美國政府於 1946 年 7 月至 8 月暫停向國民政府運送軍事裝備，但仍有大量美國裝備透過戰爭剩餘物資交易進入中國，航空裝備的禁運令也在 10 月 22 日被解除。其他的軍事物品禁運令一直維持到 1947 年 5 月 26 日。[19] 關於這十個月的「禁運」，馬歇爾將軍於 1948 年 2 月 20 日在眾議院外交事務委員會的證詞暗示說：

> 我記得，禁運是在 1946 年 8 月由我實施的，因為當時的局勢有可能完全失敗。自 1946 年 1 月 10 日達成協議之後，華北的戰事基本上停止，但東北不包括在內，是新的戰事焦點。為了調解此事，並防止戰火在整個華北蔓延，我們一面調停，一面運送軍需物資。當時中國國民政府有充足的彈藥供應軍隊，軍火從未短缺……[20]

到 1945 年底，美軍駐華約為十一萬三千人。[21] 表面上，這些美軍被派去幫助中國解除日軍的武裝並將日軍遣返回國，但實際上，他們的任務是支持國民政府。1946 年間，美國逐漸減少在華駐軍，但即便遣返日本人的計畫已經完成，美國海軍陸戰隊仍然駐紮在平津。美國在中國土地上的繼續駐軍，成為美國干涉中國內政活生生的象徵，困擾了中國社會各個階層。6 月 22 日，

---

19 *United States Relations with China*, 356.

20 *United States Relations with China*, 354-356.

21 See President Truman's Policy Statement of December 18, 1946.

前陸軍大學校長、駐蘇大使楊杰將軍在昆明對大學生發表講話時譴責道：「今天的美國就像一個中國戰爭的牟利者，在戰爭爆發以來，已經獲得四百三十二個新的陸海空基地，成為陸海空之王。甚至拿下太平洋之後還不滿足，現在還要將中國收入囊中。為了掩蓋新帝國主義的面孔，它使用『幫助中國』之類的漂亮詞語，在中國駐紮著陸海空部隊，並且參與我們的內戰。」[22]

中國人民曾多次敦促美國從中國撤軍，但美方並未採取任何行動。1946 年夏天，美國海軍陸戰隊與共軍發生了一系列遭遇戰。7 月 13 日，七名海軍陸戰隊員在秦皇島附近一個中共控制的村莊遊蕩而被拘留，一周後安全獲釋。[23] 7 月 28 日，一名海軍陸戰隊軍官在北平郊區射殺了一名共軍士兵。次日，一支由二十五輛車組成的海軍陸戰隊車隊從天津開往北平，遭到共軍的襲擊。交火期間美方陣亡三人，受傷十二人，而共軍傷亡更多。[24] 這一事件引起了全世界的關注，但美國政府仍繼續在華駐軍。

美國透過向國民黨政權提供軍事援助，試圖阻止中共實現其所主張的民族獨立和政治民主化目標。美國自由派雜誌《國家》社論寫道：「我們扶持了一個破舊、腐敗的反民主政權，並為其提供了足夠的武器，來粉碎在中國的自由主義和共軍。我們正在迅速迫使所有想要美好生活的中國人轉向俄羅斯尋求幫助。我們也許能把蔣介石建設成對抗俄羅斯的堡壘，但這樣做的話，我們將失去四億五千萬中國人的支持，並播下第三次世界大戰的種子。」[25]

在芝加哥大學圓桌廣播〔編註：1933 年至 1955 年，以廣播

---

22 *New York P. M.*, July 26 and August 11, 1946.

23 *New York Times*, July 16, 1946.

24 *United States Relations with China*, 172-173, also *New York Times*, July 30, 1946.

25 *Nation* magazine, September 10, 1946.

方式邀請學者專家回應社會時事的平台〕中，Harley F. MacNair 教授說道：「我想知道，世上還有哪個政府有道德或法律權利在另一個主權國家駐軍，並只向內戰的其中一方提供物資與援助。整個局勢的最大諷刺在於，我們似乎正在支持由一小群反動集團所控制的政府，推行美國人民並不贊同的種種政策。中共和民主黨派是幫助『小人物』的政黨。從這層意義上說，我們正在破壞的是我們喜歡的政治運動。」[26]

多數的駐華美軍都對國民黨政權感到失望。雖然他們幫助國民政府，但私下則同情中共那一方。他們想家，士氣低落，許多人沉迷酗酒、賭博、走私、魯莽駕車肇事致死，以及其他那些自然引起中國人民憤慨的恣意妄行。[27]

9 月 22 日至 28 日，上海和其他城市舉行了「美國撤退在華駐軍」的示威遊行。正如《紐約郵報》社論所言，這些示威，「應該在每本美國歷史著作中被銘記」。[28] 與此同時，紐約贏得和平委員會與民主遠東政策委員會聯手，在美國也發起了「退出中國週」（Quit-China-Week）活動。[29] 然而，儘管有這些公眾抗議活動，美國政府並沒有逆轉其向國民黨政權提供軍事援助的政策。

---

26 The New York Office of the Chinese Ministry of Information, *Chinese News Service*, Survey of American Opinion, August 1-16, 1946.

27 See Professor Chang Tung-sun's statement issued in connection with the Democratic League's demand for the withdrawal of U.S. forces from China, *New York Times*, October 13, 1946.

28 *New York Post*, September 27, 1946.

29 *New York Times*, September 9, 1946.

二、擬議中的非正式五人小組與國民政府委員會的組成問題

擬議的非正式五人小組，由司徒雷登擔任主席，旨在討論國民政府委員會組成的相關問題，這是朝向政府改組的明確步驟。1946 年 9 月上旬，國共雙方都各自提名代表參加非正式五人小組。然而，中共宣布，只要內戰持續，就不參加政治談判。中共堅持，派代表參加非正式五人小組的前提，是蔣介石能夠保證當該委員會就政府改組達成協議基礎時，8 月 6 日五個初步條件能被取消，以下達停戰令。由於非正式五人小組僅限於討論政府改組問題，本身並不能提出停戰令，中共要求立即恢復從 6 月下旬就休會的三人小組，以討論停戰問題。[30]

在馬歇爾將軍最後一次訪問牯嶺時，他與蔣介石就非正式五人小組討論許久。當時，蔣介石五項先決條件中的大部分要求，已經被他的軍事行動變成了「既成事實」。與政治協商會議決議相違，蔣介石又提出了第六項條件，要求在下達停戰令之前，中共必須向國民大會提交代表名單，他並表明行政院改組的工作將在國民大會召開之後進行。此外，雖然蔣介石接受了召開三人小組以解決停戰條件的提議，但他暗示，在非正式五人小組召開，並達成國民政府委員會組成的協議之前，他不會批准三人小組的召集。[31]

此時，國共關係又回到了 6 月底和平談判受阻的僵局。一方面，中共強烈要求維護政治協商會議決議，並在政治談判之前先下達停戰令，主張三人小組和非正式五人小組應同時舉行，以達

---

30 *United States Relations with China*, 18-22.

31 *United States Relations with China*, 182-186.

成停戰和國民政府委員會組成的目標。另一方面，國民政府爭辯說停戰是有條件的，單方面宣布召開國民大會、拖延行政院改組，來標榜自己遵從政治協商會議決議。國民政府派遣國軍，以迫使中共做出讓步。蔣介石某次曾對馬歇爾將軍坦言，停戰令是他誘使中共加入國民大會的最後一張王牌。[32]

由於國民政府的頑固，南京談判變成了無意義的爭辯，只起到了掩飾內戰、迷惑公眾視聽的作用。9 月 16 日，中共代表周恩來將軍離開首都南京前往上海。臨行前，他向馬歇爾將軍遞交兩份備忘錄，在譴責國民政府違反停戰協議和政治協商會議決議的同時，要求美國更改援助國民黨發動內戰的錯誤政策，從中國撤軍，凍結轉讓剩餘物資，暫停對國民政府的所有援助，如此馬歇爾將軍和司徒雷登大使方能「實行公正調處」。中共代表要求馬歇爾將軍立即安排三人小組討論停戰事宜，並聲稱只要馬歇爾將軍通知開會，他就會立即返回南京。[33]

當馬歇爾將軍向國民政府轉達中共要求召集三人小組的請求時，蔣介石堅持不授權國民政府代表出席，除非非正式五人小組先召集，並在國民政府委員會的組成方面達成有進展的協議。[34]

一直被國民政府用來阻撓和談的國民政府委員會問題，涉及到政府改組的基本原則。政治協商會議決議中，國民政府委員會是主管全國事務的最高決策機關，凡涉及改變基本政策的決議，需要國民政府委員三分之二以上贊成方能通過。國民政府委員會的四十個席位中，國民黨占有二十席，其餘二十席分配給其他黨

32 *United States Relations with China*, 182-186.

33 General Chou En-lai's memoranda to General Marshall, dated September 15, 1946, and September 16, 1946, annexed in *United States Relations with China*, 654-657.

34 General Marshall's memorandum to General Chou En-lai, dated September 19, 1946, annexed in *United States Relations with China*, 657.

派和社會賢達。[35] 為確保至少三分之一的票數，以防止政治協商會議通過的施政方針發生變更，中共和民盟聯名要求共占十四個國民政府委員會席位。國民政府起初同意給中共八席、民盟四席，共十二席，後來又接受了馬歇爾將軍提出的折衷方案，給由中共提名、國民黨同意的獨立人士一席，這樣中共就有可能控制四十個席位中的十三個。[36] 但是，十三票不足以維護政治協商會議決議。為了建立能代表他們利益的聯合政府，中共和民盟堅持要求獲得十四個席位，或略多於三分之一的席位，因為這是維持各黨派共同協議不受變更所必須的。周恩來將軍在對一群大學生講話時表示：國民政府已同意在國民政府委員會分配十三個席位給共產黨、民盟和獨立人士，我們則要求四十個席位中的十四席。從表面上看，兩個提案之間的差異只是一個席位，但這一席對少數黨而言至關重要。如果國民黨在國民政府委員會以三分之二的票數違背政協決議，通過武力鎮壓共產黨的動議，我們怎麼辦？只有控制了三分之一的選票，我們才能行使否決權，打消這些險惡的計謀。我們爭取國民政府委員會的十四個席位，就是爭取少數黨的生存權，爭取聯合政府的建立。

隨著停戰協議的破裂，軍事衝突更加激烈。9 月 21 日，周恩來將軍再次向馬歇爾將軍發出備忘錄，要求立即召集三人小組。他斷言當前形勢的嚴峻已經遠遠超出政府改組討論所能化解的程度，解決問題的唯一正確途徑是立即停戰。中共代表指出，蔣介石執意把非正式五人小組置於三人小組之前（即先討論政府改組，再討論停戰），不僅沒有根據，而且只是阻礙和平談判的藉口。中

35 見本書第五章關於政治協商會議對政府組織的決議。

36 *United States Relations with China*, 184.

共代表聲明，如果三人小組不能終結軍事衝突，他將不得不公布自 6 月停戰以來的所有重要文件以澄清責任，並呼籲各界明斷。[37]

9 月 26 日，馬歇爾將軍和司徒雷登大使在得知蔣介石不久將返回南京之後，聯名致信周恩來將軍，敦促他返回首都南京，以便共同探討實現和解的所有可能途徑和方法。[38] 周恩來將軍在回覆這封聯名信時聲稱，由於國民政府沒有任何停止內戰的跡象，而且變本加厲發動進攻，新一輪的談判無濟於問題的解決，而只會被用作掩護國軍行動的煙幕。他堅持寧願留在上海，等待三人小組會議的召開。[39]

在此期間，中共一直堅持要求國民政府做出兩項保證：

（1）如果擬議的非正式五人小組就政府重組達成了基礎協議，停戰令就應立即頒布；

（2）中共和民盟在國民政府委員會應該共同控制十四個席位，這樣就擁有否決權，以維護政治協商會議通過的各黨派共同決議。

蔣介石於 9 月 27 日從牯嶺返回南京，擬發表公開聲明，宣布國民政府停戰的條件，並請馬歇爾將軍就此事提出意見。應此要求，馬歇爾將軍為蔣介石準備公開聲明草案，建議同時召開非正式五人小組和三人小組，並附有下列說明：

（1）應該按照三人小組 6 月討論東北休戰時初步達成的條件，將密切接觸的敵對部隊分隔開來；

---

37 General Chou En-lai's memorandum to General Marshall, dated September 21, 1946, annexed in *United States Relations with China*, 657-659.

38 General Marshall and Dr. Stuart's joint letter to General Chou En-lai, dated September 26, 1946, annexed in *United States Relations with China*, 659.

39 General Chou En-lai's letter to General Marshall and Dr. Stuart, dated September 27, 1946, annexed in *United States Relations with China*, 659-660.

（2）應該按照三人小組 6 月初步達成的協議，恢復交通；
（3）應執行 1946 年 6 月 24 日三人小組協議規定，以解決軍事調處執行部及其戰地小組的分歧；
（4）整軍方案的實施，應當由三人小組及時解決；
（5）非正式五人小組達成的任何協議，應由政治協商會議綜合小組確認；
（6）爭議地區的地方自治政府相關問題，由國民政府委員會解決；
（7）一旦停戰，中共應提名代表參加國民大會，以表明其加入國民大會的意向。[40]

馬歇爾將軍在向蔣介石遞交草稿時，表達期望如果國共雙方能同意這些安排，那麼應即下達停戰令，建議同時召集非正式五人小組和三人小組。然而蔣介石堅持，在停戰之前必須達成幾個先決條件，三人小組必須就整軍達成完整的協議，非正式五人小組必須就國民政府委員會組成問題達成共識。這種程序的建議，使馬歇爾將軍打破和平談判僵局的努力完全無效。最後，蔣介石壓下公開聲明草案，拒絕了馬歇爾將軍的提議。

就在和談因此徹底陷入僵局之際，國民政府卻在華北全面發動軍事攻勢。

三、國民黨的軍事活動與張家口陷落

當東北的軍事衝突在 1946 年 7 月上旬暫時停止之後，蔣介石卻一直放縱他的軍隊在關內向共軍發起攻勢。他無視 1 月 10 日的

40 Draft Statement Prepared by General Marshall for Generalissimo Chiang Kai-shek, annexed in *United States Relations with China*, 660-661.

停火協議以及政治協商會議決議，決心以軍事手段清算中共。

國軍行動的直接目標是在長江流域消滅中共。7 月上旬，國民政府以優勢兵力在湖北武漢附近，進攻被包圍的六萬共軍。這支共軍縱隊主力傷亡慘重，但成功突破國軍包圍，轉移到豫陝鄂邊區山區。[41] 7 月下旬，國民政府對蘇北共軍展開猛烈攻勢，在空軍的協助下，陸軍沿著與長江北岸距離一百五十英哩的平行戰線推進。[42]

8 月 2 日，當和談還在進行時，七架國軍飛機突襲了延安。在二十分鐘的空襲中，國軍轟炸、掃射了中共的首府。中共將這次襲擊視為全面內戰的信號，向蔣介石提出強烈抗議，要求絕對禁止在未來使用中國空軍攻擊中國同胞。由於國軍的飛機和彈藥是由美國提供的，中共也要求美國停止向國民黨政權運送軍需物資，以避免加劇內戰的酷烈與破壞。此外，中共還提議將整個中國空軍置於北平軍事調處執行部的控制之下。[43]

當蔣介石在 8 月 6 日提出他發布停戰令的五個初步條件時，他同時試圖用武力從中共手中奪回他列在先決條件中的所有地方。為了這次軍事行動，蔣介石動用八成以上的軍力。在大約三百萬人的二百五十六個國軍師中，有二百零六個師，即約二百四十萬人，對解放區發動全面進攻。此外，國民政府還徵召了數十萬前偽軍，甚至日本戰俘參戰。在蘇北、華北和東北，蔣介石的軍隊正向中共發起進攻。[44]

---

41 *New York Times*, July 9, 1946.

42 *New York Times*, July 22, 1946.

43 *New York Times*, August 3, 4, 5, 6, 7, 1946.

44 General Chou En-lai's memorandum to General Marshall, dated September 15, 1946, annexed in *United States Relations with China*, 654-656. Also *New York Times*, July 30, 1946.

當國民政府實際上撕毀和平協定、發動全面軍事進攻之時，中共被迫應戰，以捍衛和平協定。中共於 1946 年 8 月 18 日發出總動員令，號召共軍和解放區人民反擊國軍的攻勢，救國於難，恢復和平，實行政治協商會議達成的各黨派共同決議。該命令使中共控制區處於戰備狀態。然而，中共聲稱總動員不是宣戰，而是緊急的自衛措施。[45]

從 1 月 13 日到 9 月 7 日，國軍發動大小六千餘次進攻，三百餘次空襲，奪取中共七十六座城市。[46] 他們占領蘇北大部，驅逐膠濟鐵路沿線的中共勢力，占領承德，並在熱、晉、魯諸省取得可觀的戰績。到 9 月底，國軍開始進攻察哈爾中共控制的重要城市張家口。

日本投降後，張家口立即被共產黨解放，此後發展成中共重要的軍政中心。在 1946 年 6 月和談期間，蔣介石原本同意中共占有張家口，但現在他打破協議，發動三管齊下的軍事行動來奪取這座中共控制的城市。此時共軍解除了對山西重鎮大同的圍攻，以避免國民政府藉口解除共軍對大同的威脅而攻打張家口。儘管如此，國軍仍繼續從三個方向朝張家口逐步推進。9 月 30 日，國民政府宣布開始攻占張家口的行動。[47] 同一天，中共指示周恩來將軍向馬歇爾將軍送達以下通知，轉交國民政府：

> 倘國民黨政府不立即停止對張家口及其周圍之軍事行動，則中共不能不認為政府已公開宣布全面破裂，並已最後放棄其所聲明之政治解決之方針。達到此一階段時，一切嚴重後果

45 *New York Times*, August 19, 25, 1946.

46 General Chou En-lai's memorandum to General Marshall, dated September 15, 1946.

47 *United States Relations with China*, 188.

之責任，當然完全由政府方面負之。[48]

此外，中共宣布，除非政治協商會議決議被貫徹執行，中共不會提名代表參加國民大會。同時，中共代表口頭表示，在他們參加三人小組和非正式五人小組同時舉行的會議之前，國軍必須先停止對張家口的進攻。[49]

10 月 1 日，馬歇爾將軍在轉遞周恩來將軍的上述通知時，向蔣介石提交一份備忘錄，其中表示，在詳盡考慮目前談判之情形和軍事行動後，他既不同意國民政府的行動方針，也不同意中共的行動方針。他不同意國民政府明顯地以全面攻勢強制中共遵照政府的條件要求，他認識國民政府有保障其安全的必要性，但以為目前進行之方法業已逾越此種限度。他總結道：「余僅欲表明者，即對於停止衝突之協議應即獲得協議之基礎，而不再彼此提出條件及反條件，而致拖延談判之進行，否則余擬向杜魯門總統建議，請其將余召回，並中止美國之調處工作。」[50]

10 月 2 日，蔣介石在回覆馬歇爾將軍時，對中共關於國軍進攻張家口的備忘錄避而不談，而提出了他所謂的對現有問題「讓步之最大限度」：

（1）中共在國民政府委員會中占十三個席位，「中共應即行提出國府委員中共方面之名單，及其國民大會代表名單」。

（2）「為切實實施整軍方案，先行迅速規定中共十八個師之駐地，並遵照規定期限進入駐地，此項決議應由三人會議正

---

48 General Chou En-lai's memorandum to General Marshall, dated September 30, 1946, annexed in *United States Relations with China*, 661-662.

49 *United States Relations with China*, 188.

50 General Marshall's memorandum to Generalissimo Chiang Kai-shek, dated October 1, 1946, annexed in *United States Relations with China*, 662-663.

式協定後交由軍事調處執行部監督施行」。

蔣介石表示，雙方當於獲得協議時，立即宣告停止軍事行動。[51]

很明顯地，蔣介石 10 月 2 日的備忘錄避談中共要求立即停止國軍對張家口的進攻，並提出了兩項看似與政治協商會議決議和 1946 年 2 月 25 日軍隊整編方案自相矛盾的建議。如果要組成一個真正的聯合政府，中共和民盟應該在國民政府委員會四十個席位中聯合占有十四個席位，以確保基本施政不會被國民黨單方面改變。根據政治協商會議通過的程序，國民大會的召開應該是讓所有黨派參與討論的議題。在國民大會召開之前，中央政府應該已經改組完成，1936 年的「五五憲草」也應該已經被修訂符合各黨派的共同綱領，並達成對國民大會代表的分配共識。[52] 關於軍隊整編方案，2 月 25 日的協議明確規定，國共兩軍在整編過程中均集中在指定地點。但在蔣介石的備忘錄中，只要求將共軍集中在指定地區，全不提及國軍。基於這些原因，中共並未將蔣介石 10 月 2 日的備忘錄視為對其 9 月 30 日通知的滿意答覆。中共沒有立即對蔣介石的兩項建議作出評論，而是期待馬歇爾將軍和司徒雷登大使對形勢做出反應。[53]

馬歇爾將軍認為，國軍對張家口的進攻，證明蔣介石無疑是在和平談判的幌子下奉行武力政策，國民政府的做法，已經讓他所代表的美國誠信受到了質疑。在當前的形勢下，他很難繼續擔任調解人。10 月 4 日，馬歇爾將軍與蔣介石進行長談。他對蔣介石說，他已確信國民政府目前奉行的政策明顯意味著軍事攻

---

51 Generalissimo Chiang Kai-shek's memorandum to General Marshall, dated October 2, 1946 annexed in *United States Relations with China*, 663-664.

52 見本書第四章關於政治協商會議對國民大會與憲法草案的決議。

53 General Chou En-lai's memorandum to General Marshall, dated October 9, 1946, annexed in *United States Relations with China*, 667-669.

勢，他聲明他不能繼續參與調解，以免被解釋為是軍事行動的煙幕。蔣介石則表示，中國的危機是世界上的頭等大事，馬歇爾將軍的使命具有重大歷史意義，將他從中國召回是不可思議的。然而，在會談過程中，蔣介石並沒有絲毫表示要停止對張家口攻勢的跡象。馬歇爾將軍認為，在國軍發動總攻的情況下，美國政府不能繼續在中國擔任調解人，並告知蔣介石，他必須建議杜魯門總統終止他的使命。[54]

隔天，馬歇爾將軍向國務院發出訊息，轉呈杜魯門總統，建議將他從中國召回。他相信，這是他阻止國軍行動，打消國民黨當局錯認可以享用無限制美援妄念，唯一能做的事情。當司徒雷登大使將馬歇爾將軍的建議轉告蔣介石時，蔣介石讓步了，如果中共同意立即參加非正式五人小組和三人小組，他將暫停對張家口的進攻，為期五天。在接到蔣介石的承諾後，馬歇爾將軍立即向國務院發出另一訊息，要求暫時取消召回自己的建議。[55]

10 月 6 日早晨，蔣介石、馬歇爾將軍和司徒雷登大使就張家口休戰進行商談。最後，他們商定了為期十天的休戰建議，安排如下：

（1）停攻之目的在於實行 10 月 2 日蔣介石致馬歇爾將軍的備忘錄中所提的二項建議。

（2）停攻期間，軍事調處執行部將在所有危險地點監督任務。

（3）停止進攻將由馬歇爾將軍和司徒雷登大使二人宣布之，政府與中共兩方均不作任何宣布。[56]

---

54 *United States Relations with China*, 189-192.

55 *United States Relations with China*, 192.

56 General Marshall's memorandum to Ambassador Stuart, annexed in *United States Relations with China*, 664.

達成這些諒解後，馬歇爾將軍通知杜魯門總統，他決定繼續在中國進行斡旋。

當休戰建議轉送中共後，被拒絕了。10 月 8 日，中共聲明：

（1）無限期停止進攻張家口，「此項停戰協議，似為一種策略，除非政府軍隊撤回至其原來陣地，才能表示政府之誠意」。

（2）「共產黨希望召開三人及五人小組，惟其討論範圍，勿以委員長 10 月 2 日函中所列之二項為限，此項作為停戰之條件者，似可認為係屬武力之強制」。

（3）「最近所接提議，暗示局勢仍未有多大之改變，故周恩來將軍正準備一正式之覆文，而不擬返京」。[57]

與此同時，一名中共發言人評論說，蔣介石提出休戰十天的建議，實際上是在迫使共產黨「限期簽署投降文件」。[58]

在此背景下，馬歇爾將軍和司徒雷登大使於 10 月 8 日簽署聯合聲明，如實敘述了張家口休戰談判的最新進展。不過，他們並沒有就這個問題發表自己的意見。[59]

為打破僵局，馬歇爾將軍於 10 月 9 日緊急飛往上海會見周恩來將軍，商談五個小時。在談話中周恩來將軍表示，蔣介石 10 月 2 日的兩項建議是不能被接受的。如果國民政府立即地、永久地停止對張家口的進攻，中共願意參加三人小組、非正式五人小組會議，或政治協商會議綜合小組會議，同時討論停戰及實施政協決議二項問題。他代表中共提出了以下建議：

---

57 Statement by the Chinese Communist Party, dated October 8, 1946, annexed in *United States Relations with China*, 665.

58 *New York Times*, October 9, 1946.

59 Joint Statement by General Marshall and Ambassador Stuart, dated October 8, 1946, annexed in *United States Relations with China*, 665-667.

（甲）關於停戰問題者（由三人小組討論之）：

一、雙方軍隊在關內應恢復1月13日的位置，在東北應恢復6月7日的位置。

二、在整編中雙方軍隊的駐地均應規定。

三、政府方面違約調動的軍隊應退回原駐地以便整編。

（乙）關於實施政府決議者（由政協綜合小組或非正式五人小組討論之）：

一、在國府委員會中，中共及民盟應合占十四名，以保證《和平建國綱領》不致被單方面所修改，至此十四名名額之分配由中共與民盟雙方協商定之。

二、行政院應與國府委員會同時協商改組。

三、依照政協決議之原則及其規定程序由憲草審議委員會修整憲法草案，作為提交國大之唯一憲法草案，各黨派並須保證該草案之通過。

四、國大之最後召開日期及國大代表增加名額之分配應由政協綜合小組協商決定之。

五、在政府按照本項一、二兩改組後，各黨派應根據前條商定之名額，將國大代表名單提交政府。

六、地方政權問題，應依照和平建國綱領之規定，暫維原狀，以待政府改組後實施地方自治。

七、為保證蔣主席1月10日在政協會議上關於人民自由權利之四項諾言的確切實施，須首先並立即釋放政治犯。徹底查辦本年1月以來各地發生之慘案，懲辦兇手，取消特務組織，並恢復本年1月以來所封閉與停止的報紙、雜誌、通訊社、書店及人民團體。

八、根據政協的軍事決議，實行軍民分治，並且實行復員。[60]

這次會議之後，周恩來將軍立即將以上所有建議納入致馬歇爾將軍的書面備忘錄中，作為對蔣介石 10 月 2 日及張家口休戰兩次備忘錄的正式答覆。

這些建議體現了中共在軍事和政治上的立場。他們要求切實履行 1 月 10 日的停戰協議、政治協商會議五項決議、2 月 25 日的軍隊整編方案以及東北停戰協議。不言可喻，中共透過提出這些建議，支持全面實現馬歇爾將軍協助達成的所有協定。中共的基本立場是，隨著敵對行動的停止，所有面臨的問題都應該按照以前的協議解決，如果國民政府要真誠地履行它所簽署的協議，就沒有理由拒絕這樣的程序。然而，蔣介石並沒有接受，而是命令他的部隊繼續向張家口進軍。

10 月 10 日，國軍不戰而占張家口。就像在長春一樣，共軍保存實力從這座城市撤離。一位延安發言人評論說，蔣介石拿下張家口，是在軍事上和政治上吞下了一顆炸彈。[61]

在攻占張家口的同時，國民政府宣布恢復全國徵兵——這一舉措明確顯示它將加強對中共的軍事行動。此外，國民黨政權在未與中共和其他黨派協商的情況下，於 10 月 11 日正式批准，國民大會將於 1946 年 11 月 12 日召開。[62]

---

60 General Chou En-lai's memorandum to General Marshall, dated October 9, 1946, annexed in *United States Relations with China*, 667-669.

61 *New York Times*, October 11, 1946.

62 *United States Relations with China*, 196-197.

四、國民大會召開與國共最終分裂

按照孫中山先生的政治學說，中國的國民革命程序分為三個時期——軍政、訓政與憲政。這位已故革命領袖定下訓政為五年，訓政結束即召開國民大會，以啟動憲政民主。[63]

1928 年「北伐」結束後不久，國民政府就進入訓政時期。1936 年，國民政府頒布《五五憲草》，進行國民大會代表選舉。國民大會原定於 1937 年 11 月 12 日舉行，但因中日戰爭爆發而中止。1943 年，國民黨當局通過決議，要在抗戰結束後一年內召開國民大會。1945 年 6 月，蔣介石委員長提議於當年 11 月 12 日召開。1945 年秋毛澤東訪問重慶期間，國共代表討論國民大會問題，同意推遲召開，並將所有相關問題交由即將召開的政治協商會議解決。1946 年 1 月，政治協商會議通過關於召集國民大會程序的決議。儘管國民大會的開幕日定為 5 月 5 日，但規定國民大會的召集應由各黨派共同討論決定。[64]

政治協商會議的諸多決議被認為是不可分割的。鑒於這些決議的交互關係，只有結束軍事衝突，中央政府改組，完成「五五憲草」在各黨派同意基礎上的修改，達成國民大會席位分配方案，方有可能召集國民大會。隨著 5 月 5 日預定日期的接近，中共和民盟評估國民政府沒有表現出任何履行這些程序的誠意，因此拒絕提名他們的國民大會與會代表。因此，國民大會的召開再次被推遲。然而 7 月 4 日，國民黨政權單方面決定國民大會於 11 月 12 日召開。蔣介石在 8 月 14 日重申了這一決定，並於 10 月 11 日就召開國民大會作出決定。

---

63 Sun Yat-sen, *Fundamentals of National Reconstruction.*

64 見本書第五章關於政治協商會議對國民大會的決議。

在張家口休戰談判的最後階段，「第三方面」的代表（民盟、青年黨和其他少數黨）前往上海，試圖勸說周恩來將軍返回南京。即使在張家口淪陷之際，據報導，周恩來將軍仍準備繼續進行和平談判，主要是因為國民黨政權 10 月 11 日的命令，才取消他返回國民政府首都南京的計畫。國民黨政權違背了已經達成共識的程序，單方面召集國民大會，也令少數黨震驚。[65]

10 月 13 日，蔣介石要求馬歇爾將軍和司徒雷登大使考慮，是否由他本人發表公開聲明。馬歇爾將軍認為，面對國民政府正在進行的軍事行動、以及和平談判毫無結果的現實，最重要的問題是立即停止敵對行動。然而，蔣介石卻表示，在從中共手中取得改組政府的優勢之前，他不能發布停戰令。隔天，兩位美國調解人將聲明草稿提交給蔣介石，供他參考發表。這第二份聲明草案，主要是基於馬歇爾將軍於 9 月 27 日為蔣介石準備的前一份聲明，[66] 根據談判的最新進展而修改的。[67] 10 月 16 日，蔣介石稍加修改後對外發表，聲明列出了八點建議。

蔣介石 10 月 16 日發布的八點建議案，建議非正式五人小組和三人小組在下列共識的基礎上同時召集，這些共識包括：

- 依照今年 6 月間三人小組所擬定之恢復交通辦法，立即恢復交通。
- 在軍事調處執行部各執行小組及北平之執行部內雙方不能同意之爭執，依照本年 6 月間三人小組所擬定之辦法處理之。
- 關外之國軍與共軍暫駐現地，由三人小組應即依照所擬定之

---

65 *United States Relations with China*, 196-197.

66 For General Marshall's proposals of September 27, see Section B of this Chapter.

67 The Second Draft of Statement for Generalissimo Chiang Kai-shek annexed in *United States Relations with China*, 673-674.

東北軍隊駐地，定期實施。

- 華北、華中之國軍與共軍暫駐現地，以待三人小組協議商決國軍與共軍駐地分配及整軍統編與縮編諸事宜，而達成全國軍隊統一之目的。
- 五人小組所成立之協議，應即交由政協綜合小組，獲得其協議。
- 關內之地方政權問題，由改組後之國府委員會解決之。……
- 憲草審議委員會應即召開，商定憲法草案，送由政府提交國民大會，作為討論之基礎。
- 在共產黨同意以上各案後，即下停止軍事衝突令，在下令之同時，共產黨應宣布參加國民大會並提出其代表之名單。[68]

此時，國民政府大部分的軍事要求，已由其軍力實現。因此，蔣介石提出的八點建議，較之他先前的要求顯得開明。然而，它們與政治協商會議通過的程序並不一致。

中共表示不能接受八點建議，堅持在雙方軍事陣地在關內應恢復 1 月 13 日形勢，在東北恢復 6 月 7 日局面，政治問題應按照各黨派共同協議解決。延安廣播聲稱：「本黨認為，蔣介石與馬歇爾應該重視自己的信義和人格，沒有任何理由推翻自己所簽字的神聖協定。只要他們有這種最低限度的誠意，本黨一定繼續與他們通力合作，以求和平的真正實現，民主的真正開始。」[69]

此時，「第三方面」代表非常活躍，他們認為談判仍有成功的機會，並努力說服周恩來將軍返回南京。同時，三位國民黨高級官員也為此而奔赴上海。10 月 21 日，「第三方面」與中共達成以下共識，即在中央政府按照政治協商會議決議進行改組之

---

68 Generalissimo Chiang Kai-shek's statement of October 16, 1946, annexed in *United States Relations with China*, 674-675.

69 *New York Times*, October 19, 1946.

前，「第三方面」將和共產黨站在一起，拒絕參加國民大會。之後，周恩來將軍便和「第三方面」代表回到南京。但就在同一天，蔣介石為了一場「預先已安排的視察」，離開首都南京前往臺灣。在他動身之前，曾向馬歇爾將軍表示，如果談判到達需要他出席的地步，他會在接到馬歇爾將軍的通知後立即返回。[70]

在「第三方面」努力斡旋國共衝突之際，馬歇爾將軍認為較為妥適的做法是他和司徒雷登大使暫時置身局外，讓中國領袖們自己想辦法解決問題。不過，他仍繼續與各有關方面保持密切的聯繫。[71]

就在周恩來將軍回到南京之後，國、共、「第三方面」代表和社會賢達展開磋商，如何避免走到國家分裂這一步。但由於蔣介石不在首都，又恰逢國軍在東北與山東加強攻勢，這些討論並未取得任何成果。[72]

蔣介石 10 月 28 日從臺灣飛回南京。「第三方面」提出以下三點意見，希望國共兩黨能夠達成諒解，停止敵對行動，這三點是：

一、雙方立刻頒發停火令，部隊各駐留於現防陣地。停戰及恢復交通的辦法將由三人會議經由軍事調處執行部及其執行小組實施之。雙方部隊將根據前此之協定加以整編。部隊之分配則由三人會議處理之。

二、全國地方政府根據《政協決議》及《和平建國綱領》，由改組後之國府委員會加以處理。凡有關軍事民事之糾紛，

70 *United States Relations with China*, 199-200.

71 *United States Relations with China*, 199.

72 *New York Times*, October 22, 26, 27, 1946.

應急速分別處理之。但沿中長路除政府所已占有之縣以外，政府應派鐵路警察，加以接收。

三、根據政協決議和已通過之程序，應召開政協綜合小組會議，以籌畫改組政府。此時一切黨派均將加入政府，並討論召開國民大會問題，俾使各黨派均能參加國民大會的會議，同時應召開憲草審議委員會，以完成憲法的修改工作。[73]

當這些意見被提交給蔣介石後，很快就被拒絕了。蔣介石堅持認為，如果要進行任何進一步的談判，都應以他 10 月 16 日的八點建議為基礎。「第三方面」雖是氣餒，但對可能的解決方案並未完全失望。「第三方面」於是建議各黨派代表召開非正式討論會議，國民政府和中共都同意，並定於 11 月 4 日舉行。但當天國民政府的代表卻沒有露面。[74]

馬歇爾將軍認為，「第三方面」看來是解決局勢的唯一希望。在會談中，他敦促蔣介石對這些少數黨領導人給予充分的關注，傾聽他們的意見以提高他們的威信。[75] 最初，「第三方面」確實在調解國共分歧方面形成堅實的戰線，對於國民大會的召開，普遍站在中共的立場。由於國民黨政權急需「第三方面」來使國民大會具有多黨派基礎，因此「第三方面」在斡旋中的主要談判籌碼，就是是否參加國民大會。在他們的斡旋努力失敗後，「第三方面」便逐漸淡出人們的視野。

國民黨政權單方面指定的國民大會召開日期越來越近，但談

---

73 Proposals by the Third Party Group, October 1946, annexed in *United States Relations with China*, 675-676.

74 *United States Relations with China*, 201-204.

75 *United States Relations with China*, 202.

判的僵局仍舊無法打破。一方面，蔣介石表示，在中共向國民大會提交代表名單之前，他不會同意停戰。另一方面，中共堅持在停戰協議、政治協商會議決議得到妥善執行之前，不會參加國民大會。

11 月 5 日，蔣介石告訴馬歇爾將軍和司徒雷登大使，由他親自發布停戰令的時間已經到了，他要求美國調解人為他起草聲明，同時宣布停戰和召開國民大會。根據這一要求，馬歇爾和司徒雷登於 11 月 7 日提交初稿。在這份文件中，美國調解人提議所有國軍除卻自衛行動，都應停火。此外，國民大會在 11 月 12 日正式召開之後，應立即暫時休會，以待國民政府委員會的改組、憲法草案的修改，以及讓尚未提名的代表被選出並到會。[76] 蔣介石在審查這份初稿後表示，他不能同意無條件停戰和國民大會的暫時休會。他告知美國調解人，他在發表這項聲明時必須特別注意最近吃敗仗的軍隊士氣，並顧及先前當選的、在南京的國大代表的期望。他表示，他的政府現在已經達成共識，即對付中共唯一正確方法，就是使用武力。蔣介石要求馬歇爾將軍和司徒雷登大使按照這些思路，再修改聲明草案。

儘管馬歇爾將軍不同意蔣介石的意見，但他還是將蔣介石的觀點納入了聲明第二稿。經進一步修改後，蔣介石在 11 月 8 日發表聲明：茲已明令關內外國軍，除為防守現地所必須者外，停止其他軍事行動；國民大會於 11 月 12 日召開，保留中共及其他黨派在國民大會應出席之代表名額，仍望其隨時參加制憲；政治協商會議程序因局勢的變化已變得失效，事實上將政治協商會議

---

76 The Initial Draft of Statement for Generalissimo Chiang Kai-shek, dated November 7, 1946, annexed in *United States Relations with China*, 676-677.

決議作廢。[77]

蔣介石11 月 8 日的聲明絲毫沒有緩解迫在眉睫的危機。宣布停戰的說法模棱兩可，因為可以在自衛的藉口下隨時恢復軍事行動。處理國民大會的方法，則與政治協商會議通過的程序相矛盾，而為中共和其他黨派保留席位的條款本身就是任意與非法的。11 月 10 日，中共發言人王炳南鄭重警告：如果政府一意孤行在 11 月 12 日召開國民大會，這將意味著局勢已經到了國家分裂的階段，將不再需要進一步的談判。[78] 民盟也宣布不參加單方召集的國民大會。

在這危急時刻，三人小組與休會已久的政協綜合小組召開非正式會議，力求在最後關頭尋求解決方案，但仍沒有取得具體成果。11 月 11 日，蔣介石應「第三方面」部分代表的要求，決定推遲三天召開國民大會。但是中共指出，這次延期並沒有解決關鍵問題。中共堅持以往的立場，不批准也不出席國民大會，因為這是國民黨違反各黨派共同協議單方面召集的。[79] 聲明強調，如果國民黨堅持無視政治協商會議的決議，單方面召集國民大會，國家分裂的一切後果應由國民黨負責。[80]

不顧中共和民盟的反對，蔣介石於 11 月 15 日正式宣布國民大會開幕。根據各黨派共同協定，二千零五十名國大代表中，中共一百九十人、民盟一百二十人、青年黨一百人、無黨派人士七十人。[81] 但在召開時，國民大會幾乎完全是國民黨包辦。在出

77 Generalissimo's Statement of November 8, 1946, annexed in *United States Relations with China*, 677-678.

78 *New York Times*, November 11, 1946.

79 *United States Relations with China*, 206-207.

80 *New York Times*, November 12, 1946.

81 *New York Times*, November 4, 1946.

席名單上的一千五百八十名代表中，大約五分之三是十年前選出的，其餘則是蔣介石及其親信最近挑選的。在大會堂裡，為馬歇爾將軍預留一個座位，但這位美國特使引人注意地缺席。不過，司徒雷登大使隨各國駐南京的外交團出席觀摩了開幕儀式。[82]

考慮到進一步談判的基礎已被國民黨破壞，周恩來將軍決定返回延安。他與馬歇爾將軍在 11 月 16 日舉行最後一次會議，詳細解釋中共的立場，並要求提供一架飛機將他和同事們帶回中共首府。他通知馬歇爾將軍，中共將留下包括董必武在內的四十名成員作為駐南京的聯絡員。他還表示，只要軍事調處執行部這一組織繼續存在，其中的中共人員就不會撤回。在這次會議結束時，馬歇爾將軍要求周恩來將軍向延安的中共領導人提出一個問題，即中共是否仍然對他的調解努力感興趣？因為除非中共相信他的公正性，否則他留在中國當調解人是沒有意義的。[83] 周恩來將軍表示願意考慮這一要求，雖然沒有直接批評馬歇爾將軍，但也表示美國以往的對華政策有意地鼓舞了國民政府。[84]

在 11 月 19 日返回延安前，周恩來將軍發表概述中共立場的聲明，譴責國民政府違反停戰協定和政治協商會議決議，單方面召集的國民大會被用來使蔣介石的獨裁「合法」化，內戰「合法」化，分裂「合法」化。中共堅決不承認這個「國大」。最後，他宣布：

> 進攻解放區的血戰方殷，美國政府援蔣內戰的政策依然未變，假和平假民主絕對騙不了人。我們中國共產黨願同中國

---

82 *New York Times*, November 16, 1946.

83 *United States Relations with China*, 208-209.

84 *New York Times*, November 17, 1946.

人民及一切真正為和平民主而努力的黨派，為真和平真民主奮鬥到底。[85]

國民大會的召開顛覆了「第三方面」的統一戰線。11 月 15 日晚，被國民黨資助、利用多年的青年黨，背叛政治協商會議決議，脫離「第三方面」，向國民黨提交參加國民大會的代表名單。[86]

受到國民黨政權給出的官位誘惑，社會民主黨的一些成員也改變先前的立場，宣布要在 11 月 23 日參加國民大會，但該黨的其他成員，包括張東蓀教授在內，則拒絕跟隨。[87] 社會民主黨是民盟的成員之一，那些成員的倒戈，不僅進一步瓦解了「第三方面」，也造成了自身的分裂。當社會民主黨的右派入座妝點國民大會的門面，它的左派則繼續與民盟站在一起，抵制國民大會。

國民大會的召開標誌著國共之間不可挽回的分裂。國民黨政權以自己的單方面行動，最終撕毀了停戰協定、政治協商會議決議，以及所有其他馬歇爾將軍來華後費盡苦心達成的協議。中國人民和友好國家，積極努力避免中國陷入國家分裂，但國民黨政權猛力關上進一步談判的大門，將國家推入全面內戰。在這麼做的同時，它得到了青年黨和社會民主黨右派的合作。也因如此，中共將國民政府領導人、青年黨領導人，以及社會民主黨右派列入戰犯名單。

---

85 General Chou En-lai's statement of November 16, 1946, annexed in *United States Relations with China*, 683-685.

86 *New York Times*, November 17, 1946.

87 *New York Times*, November 25, 1946.

第 9 章　馬歇爾將軍使華的失敗

儘管和平談判在國民大會開會之後已經中止，但馬歇爾將軍仍留在中國觀望，以補救他的使命。由於國共已經不可挽回地中斷了談判，一般認為除非馬歇爾將軍能主動走出幾步好棋，否則和平談判不可能再次開始。

1946 年 12 月 1 日，馬歇爾將軍與蔣介石坦誠長談，他強調，中共已是一支不容忽視的巨大社會和軍事力量，他不能同意國民黨軍方領袖的觀點，認為問題可以在戰場上解決，並提醒蔣介石，過去六個月的軍事行動只有表面效果，而沒有實際成果。國民政府的經濟狀況非常脆弱，他擔心蔣介石在打敗中共之前，國家就將面臨經濟全面崩潰，從而導致國民黨政權垮臺。馬歇爾將軍認為，中共勢力已經強大到無法用武力消滅，蔣介石有必要將中共收編進中央政府，和平談判的大門應該敞開。然而，蔣介石卻表示，對付中共的唯一辦法就是消滅共軍。他不切實際地算計著，共軍可以在八到十個月的時間內被消滅。至於經濟狀況，蔣介石則表示，由於中國國民經濟的特性，在未來很長一段時間內都不會有崩潰的威脅。[1]

就在國民政府決心奉行武力政策的同時，中共仍寄望於探索恢復和談的途徑。12 月 4 日，中共駐南京代表董必武將周恩來將軍的備忘錄透過馬歇爾將軍轉交蔣介石，表示「由於一黨操縱的國大之召開，政協協議已為蔣介石所撕毀無疑，國共兩黨間已無談判的基礎。然為符合全中國人民爭取和平與民主之願望，本

1　*United States Relations with China*, 211-212.

黨主張，如國民黨立即解散刻在開會的非法國大，恢復 1 月 13 日停戰令時之軍隊原防，則兩黨仍可重開談判。」[2]

馬歇爾將軍將備忘錄轉交給蔣介石，未加評論。他認為中共的條件不可能被國民政府所接受。然而，中共堅持的是：凡馬歇爾將軍本人所有先前協助達成的協定，都具有不可侵犯性。中共關於恢復和談的立場，是返回 1 月的最初狀態。透過要求解散單方面召集的國民大會，以及恢復到 1 月 13 日的原防，堅持履行政治協商會議決議和停火協議。中共要和平，但不做危及政治立場的讓步。

在此期間，國民政府向馬歇爾將軍尋求新的美國貸款，以解決嚴重的財政赤字。但馬歇爾將軍拒絕了，表示不能指望美國會向一個由反動集團控制、腐敗猖獗並奉行武力政策的政府傾注資金。[3] 蔣介石還表達希望聘用馬歇爾將軍為國民政府的最高顧問，也被拒絕了。[4]

1946 年 12 月 18 日，杜魯門總統在與馬歇爾將軍充分協商後，就美國對華政策發表聲明，再次強調 1945 年 12 月 15 日的聲明，以及莫斯科三巨頭會議決議的觀點，並回顧了自馬歇爾將軍抵達中國之後局勢的發展。他重申：「團結民主的中國對世界和平實極重要，擴大國民政府基礎，俾其足以代表全國人民，將加速中國走向此一和平的進展，中國對其他聯合國家，負有一種顯而易見的責任，即制止其國內的軍事衝突，良以此項衝突乃世界穩定及和平之一大威脅也。」他認為政治協商會議的召開和整

---

2 Mr. Tung Pih-wu's letter to General Marshall, dated December 4, 1946, annexed in *United States Relations with China*, 685-686.

3 *United States Relations with China*, 210.

4 *United States Relations with China*, 213.

軍方案從根本上說是正確的，但「中國迄今未能覓取團結及和平方法，實是一大憾事。」馬歇爾將軍已展現超群的能力，來幫助中國人民獲致解決方案。儘管積極的談判已經結束，馬歇爾將軍仍堅守他的崗位。「我們將繼續協助中國走向和平真正民主的政府去」。[5]

杜魯門總統這個聲明，並沒有為在華的馬歇爾將軍在中國的使命注入活力。聲明起草的本意是希望馬歇爾將軍能放手貫徹美國的政策，但是，它肯定政治協商會議決議和整軍方案，卻沒有譴責國民黨反動派違背這些協議；它提倡中國的和平統一，卻沒有指出國民政府正在對中共發動總攻。顯然，聲明中沒有提及任何駐華美軍撤軍的承諾。國民政府對此聲明不予置評，但王炳南代表中共表示，如果美國真要中國和平、尊重中國主權，就應表示誠意，停止對國民黨政權的援助，並從中國領土上撤軍。[6]

與此同時，參議員拉爾夫・弗蘭德斯（Ralph Flanders）、詹姆斯・默瑞（James E. Murray）、拉鐵摩爾教授、麥克奈爾教授和福斯特・杜勒斯教授（Foster Rhea Dulles）等一批思想開明的美國人，發表他們關於中國的聲明。他們說：「是時候我們應該坦率地面對事實，如果中國政府處於一黨專制的控制之下，依仗著美援，忽略廣大人民而只顧自己，那麼它是不能被自己的人民視為獨立的。」他們強調，中共事實上並未得到蘇聯的物質援助：「在所有中國人看來，美援正是造成長期拖延未決的內戰主要因素。下一步不可避免的後果，就是反美情緒的蔓延正在破壞中美人民之間的傳統友誼。」他們甚至敦促召開一次國際會議來

---

5 President Truman's Statement of December 18, 1946, annexed in *United States Relations with China*, 689-694.

6 *New York Times*, December 20, 1946.

結束國共之間的敵對行動。[7]

中共和民盟強烈反對召開國際會議來解決中國內戰的想法。他們宣稱，列強的最佳選擇是堅持不干涉原則，讓中國人民決定自己的未來。[8]

國共談判破裂後，馬歇爾將軍就寄望於中國所謂「政治自由派」的崛起。他認為沒有充滿活力的反對黨，就無法消除國民政府內部根深蒂固的腐敗與低落的效率，應該讓更好的人才來取代蔣介石周圍那些反動派。他給那些少數黨領袖和無黨派人士的深刻印象就是，他們應該在統一的中間路線裡結盟，以制衡國共兩黨。[9]然而，試圖將「政治自由派」組織成有效的力量是徒勞無功的。自國民大會開幕以來，「第三方面」出現了分裂。在青年黨和社會民主黨右派出賣自己的同時，民盟和其他進步團體則追隨中共的領導。隨著政治分歧加劇，少數黨出現兩極分化。在反革命和革命之間，已經沒有中間路線可走。

隨著一黨操縱的國民大會進入閉幕階段，人們的注意力轉向國大通過的憲法。國民黨反動派無視各黨派共同協議，準備批准未經修改的 1936 年「五五憲草」。然而，馬歇爾將軍努力說服蔣介石和其他國民黨領袖，促成國民大會根據政治協商會議決議通過憲法。馬歇爾將軍的理由是，若國民大會能通過一部民主憲法，那就可以組成一個為中共及民盟保留空缺席位的國民政府委員會，行政院也可以確實地改組，就仍有恢復和平談判的可能性，並可重啟關於停戰和中共參與政府改組問題的討論。蔣介石為了迎合馬歇爾將軍並安撫其他政黨，採取的立場是通過 1936 年

7 〔註腳闕漏〕

8 〔註腳闕漏〕

9 〔註腳闕漏〕

的憲法草案，但按照各黨派共同協議進行修改。[10]

自始至終，國民大會就是完全的失敗。國民黨反動派像是在演出一場鬧劇，起初，他們大造輿論，反對五五憲草的任何修改。然後，在蔣介石暗示、指揮下戲劇性地改變他們先前的立場。1946 年 12 月 25 日，國民大會以幾乎全票通過的方式表決新憲法，新憲法與政治協商會議決議基本一致。[11]

然而，被通過的憲法並不是被實踐的憲法。新憲法雖然是一部白紙黑字的民主憲法，但它只是國民黨繼續一黨獨裁的掩護。就在新憲法通過的同時，廣州的國民黨當局逮捕了一千多名民主人士和同情中共的嫌疑犯。[12] 中共持續認為國民大會是非法召開的，那部新憲法也是非法通過的。由於解放區人民沒有代表出席國民大會，中共並不承認這部偽憲法。[13]

國民大會休會後，馬歇爾將軍和司徒雷登大使向蔣介石建議，隨著新憲法的通過，在他著手組建國民政府委員會，以及行政院開始改組的同時，他可以派代表到延安重啟和平談判。[14] 中共得知後，並沒有正面反應。中共要求，如果要恢復和平談判，有兩個最低先決條件——廢除偽憲法和恢復 1946 年 1 月 13 日的原防。中共聲稱蔣介石違背自己的「四個承諾」；廢止停戰協定、政治協商會議決議、整軍方案以及東北停戰協議；迫害和暗殺民主人士；發動對解放區的總攻；召集一黨操縱的國民大會通過非法憲法。在這種情況下，除非上述兩個先決條件得到徹底滿

10　〔註腳闕漏〕

11　For the full text of the constitution, see *China Handbook*.

12　*New York Times*, December 22, 1946.

13　*New York Times*, December 26, 1946.

14　*United States Relations with China*, 215.

足，否則任何和平建議都是旨在誘使中國人民接受國民黨政權所犯下一切罪行的欺騙。[15]

就在這時，一起意外事件在中國掀起了全國性的反美運動。一名美國海軍陸戰隊員 12 月 24 日晚在北京大學校園內強姦了一名中國女大生。[16] 這次犯罪襲擊激怒了全中國。長期以來，人們不滿美國支持腐敗不得人心的國民黨政權，許多人認為美國繼續在華駐軍是直接干涉內政的活生生象徵。12 月 30 日，六千多名大學生在北平舉行示威遊行抗議美軍暴行，要求全面撤軍。這一運動立即蔓延全中國，在天津、上海、南京和其他大城市，成千上萬的學生舉著反美標語遊行。他們高喊：中國不是美國的殖民地！我們的中國女兒不容遭到侮辱！美軍回家吧，否則我們會把你趕出去！滾開，你們這些禽獸！他們攻擊美國的對華政策，並宣稱要將美國的詭計公諸於世。[17]

中國的反美抗議浪潮使馬歇爾將軍進退維谷。由於國民黨政府只是把他的調解作為武裝進攻的擋箭牌，而中共實際上則拒絕了他的調解。在中國實現和平與國共聯盟的努力，就此泡湯。他深信將自己召回的時機已經來臨，應該就中國局勢向杜魯門總統作第一手報告。1947 年 1 月 6 日白宮宣布，馬歇爾將軍已被指令返回華盛頓。[18]

1 月 8 日上午，馬歇爾將軍離華返美。臨行前，他發表個人聲明，總結他在中國的感想。這份聲明旨在削弱國民政府中頑固分

---

15 Statement by Lu Ting-yi, Chief of the Department of Information, Central Committee, Chinese Communist Party, dated January 29, 1947, annexed in *United States Relations with China*, 699-702.

16 *New York Times*, December 31, 1946.

17 *New York Times*, January 2, 3, 1947, and Boston *Christian Science Monitor*, January 3, 1947.

18 *United States Relations with China*, 217.

子的力量，並提升「政治自由派」的地位。馬歇爾用不偏不倚的口吻指責國共雙方，斷言中國和平之最大障礙，乃國共雙方彼此所懷之完全而幾乎具有壓倒力量之懷疑心理。和談破裂的主要原因，歸結在雙方有截然不同的要求。「政府方面，即國民黨存在一有力量之反動派，余認為此一反動派對余為求組織一真正聯合政府所作各種努力，均加反對。」「彼等復公然宣稱，其認為中共之參加政府唯一無可思議之事，並謂只有武力方能確實解決問題。此派中包括軍事及政治領袖。」「政協會議所獲之協議，為一可賦與中國和平與復興基礎之自由主義與高瞻遠矚之憲章，然國民黨中之不妥協分子，旨在保持本身對於中國封建式之控制，顯無實現協議之誠意。」「余對軍人之控制力量表示悼惜，彼等之控制力量更特別表明中國文治政府力量之微弱。」「政府中之反動派顯係依靠美國之巨量援助，而未顧及其本身之行為，共黨方面，因其不欲為國家之利益而妥協，顯亦料定可使政府因經濟崩潰而崩潰，並因漫長鐵路線上之大規模游擊戰，而加速其崩潰。」「此種問題之解決，自余視之，須使政府中及各小黨之自由分子獲得領導權。……彼等如在蔣主席領導下，順利工作，余相信可使中國藉良好之政府，以獲致統一。」他還表示，希望在政府改組的過程中，應敞開大門讓中共或其他團體參與。[19]

在評論馬歇爾將軍的告別辭時，周恩來將軍表示同意美國特使對國民黨政權內部反動集團的評價，「但遺憾的是他未指出蔣介石就是這個反動集團的最高領袖」，「不取消個人獨裁的制度，民主的政協路線是永不會實現的」。[20] 同時，一位民盟發言

19 Personal Statement by General Marshall, dated January 7, 1947, annexed in *United States Relations with China*, 686-689.

20 *New York Times*, January 15, 1947.

人也評論道，馬歇爾將軍關於國民政府可以透過「自由分子」的領導實現民主化的假設，是對中國政治現實的嚴重誤解。

在 1947 年 1 月 9 日《紐約工人日報》的社論中，將馬歇爾將軍的告別辭稱為「失敗的使命」，這份致辭無意中揭示了錯在另一方。「這另一方是馬歇爾將軍在中國談判的同時，提供國民黨武裝、運輸、資助與中共和民主力量進行內戰的那個美國政府。」「我們對蔣介石的軍援，是建立對抗蘇聯遠東基地的危險戰略之一部，還試圖讓大企業擁有壟斷的利益來統治中國。」[21]《紐約晚報》也指出，「在中國的失敗，歸根究底是因為我們在制定政策時，不是出於對中國統一的迫切要求，而是出於對俄羅斯的偏執恐懼。只要這種情況仍然存在，我們就不可能有創造性的外交政策。」[22]

1947 年 1 月 7 日，杜魯門總統提名馬歇爾將軍接替伯恩斯任國務卿。此後，馬歇爾將親自領導美國的外交政策。1 月 29 日，美國政府宣布決定終止與在華三人小組（馬歇爾將軍擔任主席）的聯繫，並撤回軍事調處執行部的美方人員。這些步驟正式終結了馬歇爾將軍使華無奈而又傳奇的故事。在接下來的幾個月，除了在青島美國海軍基地保留一支警衛分遣隊以外，美國從華北撤出所有的海軍陸戰隊。[23]

---

21 *New York Daily Worker*, January 9, 1947.

22 *New York P. M.*, January 9, 1947.

23 *United States Relations with China*, 219.

譯名表

Executive Headquarters	軍事調處執行部
Executive Yuan	行政院
Military Reorganization and Integration	整軍
National Assembly	國民大會（國大）
People's Political Council	國民參政會
Political Consultation Conference	政治協商會議
State Council	國民政府委員會
Steering Committee of the Political Consultation Conference	政治協商會議綜合小組
United Nations Relief and Rehabilitation Administration	聯合國善後救濟總署

譯後記

郭景德

《馬歇爾將軍使華記》是我父親郭聖銘先生早年用英語寫作的一篇論文，寫作期間他在中國駐美國紐奧良領事館任副領事，同時在杜蘭大學歷史系讀研。

抗戰期間，我父親從重慶中央大學歷史系畢業，幾年後參加了高等文官考試，進入了當時的外交部條約司任職。他於 1944 年參加了公費留學考試，被錄取為當年西洋史專業庚款留英生。然而，當時父母已成婚，留英只能一人獨行，父親放棄了留英選項，接受了外交部外放紐奧良領館的職務，攜同母親取道印度，赴美就職讀書。就在他們到達紐約的當天，傳來了法西斯投降，二戰結束的喜訊。

眾所周知，世界舞臺在接著的幾年發生了翻天覆地的變化。作為一名國民政府的外交官員，他一直關注著二戰後中國時局的變化，將研究的重點放在「中美關係史」。我父親寫作這篇論文的時間，估計是在 1947 年至 1950 年之間，因為 1950 年他就攜家帶眷回到了中國。回國後，父親在高校歷史系任教（廣西師範大學、湖南師範大學、華東師範大學），這篇論文就一直放在一個硬紙盒內，從未被翻譯成中文，也從未發表過。

畢竟是早年的作品，父親並沒有忘記這篇論文。1980 年代再版他的《世界文明史綱要（古代部分）》時，父親曾應出版社的要求寫過一段很簡明的作者自我介紹，其中就提及了這篇論文的題目：《馬歇爾將軍使華記》。

此論文寫於七十多年之前，但記敘的是七十多年之前的

「當代史」，聚焦於 1946 年馬歇爾將軍的使華。據說寫歷史最好有距離感，距離一段「久遠的時間」，才能更看清歷史的走向，誠哉斯言。然而，史學家也推崇「同時人的證見」，因為「同時」親歷者的感觸，更能捕捉的時代的溫度和脈動，是隔了一層的後世治史者難以把握的。這篇論文的特點就是「同時人的證見」。至於這「當時的證見」是對是錯，能否看清歷史的走向，那麼在相隔了七十年後再做反觀，也是頗有意味的。

這篇論文比較注重在美蘇爭霸的大格局下觀察中國舞臺。論文勾勒了沙俄與美國在東亞爭霸的格局，以及二戰結束前後美蘇的合作和猜忌：雅爾達會議，蘇軍進入東北，蘇聯強奪東北日企設備，國民黨代表與蘇聯外交部的談判，外蒙的獨立……論文的視角有其獨到之處，但也會和「時事」不合拍。這篇論文在 1950 年代至 1970 年代無法問世，估計這是一個客觀的原因。

和大部分治中國近代史的國內同行相比，父親當時人在美國，因此取材敘事就會有所區別。論文著眼於馬歇爾將軍斡旋失敗，但加上了美國報刊的評論、國會兩院議員的爭論、美國自由派學者的評論等等。這方面的材料，對於我們從世界的角度看中國是有益的。

父親當時是一名外交官員，而且是專門研究外交條約的外交人員。所以在這篇論文中，「條約變遷」所占的比重比較大，這部分的歷史讀上去比較刻板，但會展示歷史最簡明的脈絡走向。

這篇論文比較嚴格地遵循了學術研究的路徑，做了超過五百條文獻引證，儘量做到言之有據。文獻引證成了這篇論文的重要組成部分，應該對後來的學人有省時省力的墊腳石功效。

論文寫作於七十多年前，由於是用英語寫作的，在 1950 年代至 1970 年代的中國自然是難以問世。1989 年父親退休來到美國，於 2006 年去世，由他本人來翻譯出版這篇論文，已沒有可能。感謝近代影印機技術的普及，原稿被影印技術保存了下來，沒有隨著歲月的流逝而湮滅。

歲月滄桑，這些年來，新發見的、當年無法接觸的史料，被解密出版的一定不少。如果父親還在，想來是會一一搜尋，補充到自己的文章中去的，但這都已不可能了。作為子女，我們能做到的，就是將這部舊稿翻譯保存下來，原封不動地、原汁原味地呈現給對中國近代史感興趣的讀者。希望也是老父親當年的心願吧，只是天人兩隔，再也無法和他商議，聽取他的意見了。

寫作這篇論文的，是一名留美史學專業的學生。雖然手稿已經陳舊，紙張已經發黃，但讀者還是能從論文讀到二戰剛剛結束的那幾年，中國政局是怎樣在顛簸中前行，美國的馬歇爾將軍是怎樣憑著自己軍人的榮譽為中國的和平呼號奔走，而美國對華政策的內在矛盾如何註定了馬歇爾將軍的斡旋失敗。馬歇爾將軍對苦難的中國人民所做的一切，我們不應忘卻，因為那也是中美近代關係史中極其重要的章節。

譯者的專業領域在理科，而不是史學，翻譯這篇論文自然面對著「跨學科」的困難。感謝兄長郭維德先生、王晴佳教授（美國 Rowan University）、沈堅教授（華東師範大學）、閔兆達教授（南京林學院），及好友孫恒志先生、陳江岳先生、毛年先生，和段曉楣先生對譯稿的校閱和鼓勵。也要特別致謝台灣民國歷史文化學社林弘毅先生的編輯團隊，他們認真檢索，將譯文中的組織、單位、條約、法律、聲明、文告等各項用法，按歷史文獻做了校正，此外，引文的部分只要能查得到，也都按照當時重慶與南京的《中央日報》、延安《解放日報》、重慶《新華日報》、國史館藏《蔣中正總統文物》、國史館藏《國民政府檔案》等，以「原文呈現」，這是將出版當成了科研，感謝他們的認真和執著。

譯文中的魯魚亥豕之誤，在所難免，還望專家學人多多指正為盼。

譯者識

2024 年 6 月 4 日

民國史料 90

馬歇爾將軍使華記：中美關係史的批判性研究

General George C. Marshall's Mission to China: A Critical Study of Sino-American Relations

原　　著　郭聖銘
翻　　譯　郭景德
總 編 輯　陳新林、呂芳上
執行編輯　林弘毅
封面設計　溫心忻
排　　版　溫心忻

出　　版　開源書局出版有限公司
香港金鐘夏慤道 18 號海富中心
1 座 26 樓 06 室
TEL：+852-35860995

民國歷史文化學社 有限公司
10646 台北市大安區羅斯福路三段
37 號 7 樓之 1
TEL：+886-2-2369-6912
FAX：+886-2-2369-6990

http://www.rchcs.com.tw

初版一刷　2024 年 7 月 31 日
定　　價　新台幣 420 元
港　幣 115 元
美　元　16 元
I S B N　978-626-7370-90-2
印　　刷　長達印刷有限公司
台北市西園路二段 50 巷 4 弄 21 號
TEL：+886-2-2304-0488

國家圖書館出版品預行編目 (CIP) 資料
馬歇爾將軍使華記 : 中美關係史的批判性研究 / 郭聖銘 (Chien-Shu Kuo) 原著 ; 郭景德 (John E. Kuo) 翻譯 . -- 初版 . -- 臺北市 : 民國歷史文化學社有限公司 , 2024.07

面 ;　公分 . -- (民國史料 ; 90)

譯自 : General George C. Marshall's mission to China : a critical study of Sino-American relations

ISBN　978-626-7370-90-2 (平裝)

1.CST: 馬歇爾 (Marshall, George C.(George Catlett), 1880-1959.) 2.CST: 國共內戰 3.CST: 國共和談 4.CST: 中美關係

628.61　　113009045